D1602945

EL LENGUAJE
DE LAS VELAS

Hanna M. Giménez y Javier Tapia R.

EL LENGUAJE
DE LAS VELAS

Recetario mágico

EDICIONES OBELISCO

Si este libro le ha interesado y desea que le mantengamos informado de
nuestras publicaciones, escríbanos indicándonos qué temas son de su interés
(Astrología, Autoayuda, Ciencias Ocultas, Artes Marciales, Naturismo,
Espiritualidad, Tradición...) y gustosamente le complaceremos.

Puede consultar nuestro catálogo en www.edicionesobelisco.com

Colección Magia y Ocultismo
EL LENGUAJE DE LAS VELAS
Hanna M. Giménez y *Javier Tapia R.*

1.ª edición: noviembre de 1987
18.ª edición: febrero de 2011

Maquetación y diseño de cubierta: *Natalia Metelska*
Corrección: *Leticia Oyola*
© 1987, 1994, Hanna M. Giménez y Javier Tapia R.,
© 2011, 1987, 1994, Ediciones Obelisco
(Reservados todos los derechos para la lengua española)

Edita: Ediciones Obelisco, S. L.
Pere IV, 78 (Edif. Pedro IV) 3.ª planta 5.ª puerta
08005 Barcelona-España
Tel. 93 309 85 25 - Fax 93 309 85 23

Paracas, 59 - C1275AFA Buenos Aires - Argentina
Tel. (541 -14) 305 06 33 - Fax (541 -14) 304 78 20
E-mail: info@edicionesobelisco.com

ISBN: 978-84-9777-741-4
Depósito Legal: B-1.471-2011

Printed in Spain

Impreso en España en los talleres gráficos de Romanyà/Valls S. A
Verdaguer, 1 – 08786 Capellades (Barcelona)

*«Si tuvieseis fe como un grano
de mostaza, de verdad os digo
que moveríais montañas.»*

Dedicatoria:
*A los devotos, brujos y magos
y a todos aquellos que desean
iluminar su vida.*

INTRODUCCIÓN

La presente obra, pretende ser una guía práctica y un recetario básico que le permita al lector introducirse y desarrollarse en el mundo mágico de las velas.

Este tratado es una primicia dentro de la literatura esotérica actual, tanto por su contenido, como por lo sencillo y práctico de su funcionamiento.

No es necesario que el lector tenga experiencia alguna en el ramo de la magia o de las ciencias ocultas para poder practicar tranquilamente en su hogar los rituales mágicos de las velas, pues las velas, como su nombre indica, sirven para desvelar e iluminar los secretos.

Hanna y Javier nos desvelan un arte milenario práctico, sencillo y, lo más importante, funcional; ampliamente utilizado alrededor del globo terráqueo por millones de seres humanos en los más diversos rituales religiosos, ortodoxos y profanos.

El recetario mágico de *El lenguaje de las velas* nos ilumina los caminos que conducen hacia la salud, el dinero y el amor.

Todo ser humano lleva dentro de sí una vela, es decir, una luz incandescente que mantiene unidos sus cuerpos astral, mental y físico, por lo que resulta obvia la correspondencia directa que guardamos con la más pura y estética expresión del fuego.

El lector encontrará en este libro la mecánica ritual básica para que la operatividad mágica de las velas le dé un resultado alentador. Como han dicho siempre los estudiantes de las artes mágicas: «y, sin embargo, funciona».

Recuerde y tenga siempre presente que el fuego ígneo es el mayor purificador, pues es el representante simbólico y espiritual del elixir dorado, y el transmisor primigenio de la más sagrada esencia de la llama espiritual cósmica. En otras palabras, el fuego terrestre es la representación física más etérea que significa a Dios.

EL SENTIDO MÁGICO DE LAS VELAS

Desde el punto de vista esotérico, nos podemos referir a las Sagradas Escrituras, en el Génesis, para encontrar la primera concomitancia que une al hombre con la luz, que fue creada en el cuarto día para que fuera posible la fundación de la materia viva sobre la Tierra. Con esta referencia, nos encontramos en primer lugar con el hombre no creado que vivía en un mundo vacío y sin forma, es decir, que vivía en plena barbarie, sin distinguirse demasiado del resto de los animales.

El hombre ya creado, al recibir el conocimiento de la luz, vivió una época dorada en la cual no tenía mayores preocupaciones hasta que Lucifer, o Prometeo en la mitología griega, les enseñó el uso del fuego, deslumbrando a los hombres.

Desde este momento el hombre sustituyó a la luz verdadera por la luz del fuego, encontrándose con su propio libre albedrío, al reconocer un nuevo conocimiento más humano, que no es otro que el del bien y del mal, de la felicidad y la angustia, y de la soberbia de creerse a sí mismo el rey del mundo.

Pero ser el rey del mundo no iba a ser fácil, ya que el hombre tendría que enfrentarse desde ese día con sus virtudes, sus defectos y las circunstancias que lo rodearan. El hombre se ha enfrentado a muchos problemas desde entonces, y ha ido encontrando poco a poco, y a través de diversas pruebas, nuevamente el camino que le permitirá reunirse otra vez con su esencia divina, siguiendo el sendero que le demarca el lenguaje mágico de las velas, como el más puro simbolismo del fuego ígneo.

El hombre nunca ha perdido el sentido mágico de la existencia, ya que de una o de otra forma ha mantenido, como el centauro que lanza la flecha, sus ojos pendientes del firmamento, de los astros, de la naturaleza y de Dios.

De esta misma forma, el hombre siempre ha reconocido al fuego como una manifestación divina, y sabe en su interior que el fuego es la puerta que ha de abrirle el sendero hacia la iluminación.

UN PENSAMIENTO TEOSÓFICO

Imagine por un momento que el espíritu de la vida es una llama continua, que se va transmitiendo desde los seres más altos o desarrollados hasta los seres más densos o menos evolucionados: esta llama no se apaga nunca, sólo queda contenida en el interior de todos y cada uno de los seres, de todas y cada una de las cosas, esperando tan sólo que una manifestación le abra la puerta y le permita expresarse.

Esta llama continua se encuentra también en las velas, que sólo esperan a otra incandescencia para manifestarse en su ígneo esplendor. Por ello no debe de extrañarnos que tanto los seres como las cosas posean la magia dentro de sí; ésta no es otra cosa que la llama divina que se manifiesta en todo momento de nuestra existencia.

El pensamiento teosófico nos indica que somos ángeles o divinidades caídas en la Tierra, en la cual adquirimos una envoltura con el fin de resguardar la llama divina, que nos ha de llevar tarde o temprano nuevamente con nuestra identidad celestial. Pues nuestro Creador tiene tanto deseo de nosotros como nosotros de Él.

Dentro de esta misma línea de pensamiento, es muy significativa la presencia en la Tierra de los señores de la llama, jerarquía astral que rige los designios de la humanidad. Estos señores de la llama son una jerarquía de otra esfera celestial, y darán el relevo, encendiendo la vela, a una jerarquía netamente terrestre. A este proceso se le conoce como «evolución espiritual», a la que se encuentra atado el hombre. En otras palabras, podemos decir que el hombre se encuentra justo en el proceso intermedio de su evolución espiritual, y que en ésta, la era de Acuario, el hombre recibirá el nuevo fuego que le permita encender la vela de sus aspiraciones físicas, mentales y espirituales.

Por lo tanto, es hora de que el ser humano comience a encender las velas que le indiquen el sendero de su liberación espiritual.

Este pensamiento teosófico no niega el avance científico y tecnológico del hombre, que maneja, hoy por hoy, a este nivel, elementos tan mágicos, y a la vez tan sencillos e incomprensibles, como la electricidad, la energía nuclear y los viajes espaciales, buscando siempre algo más que el simple triunfo, la espectacularidad y el avance netamente físico, ya que a todas estas iniciativas van sumadas las preguntas y los cuestionamientos de orden espiritual y esotérico.

Los más grandes científicos y filósofos han llevado siempre, dentro de sus investigaciones, una gran carga de esoterismo, tratando de encontrar las respuestas claras, lógicas y contundentes a sus inquietudes espirituales, es decir, nunca han perdido su deseo de Dios. Pues toda afirmación y negación en este sentido tiene la misma cualidad y cantidad de interés por desvelar los secretos de la vida y de la existencia.

Por ejemplo, un hombre tan marcadamente escéptico como estudioso, Bertrand Russell, intentó de una forma científica que llegó hasta el misticismo, demostrar la inexistencia de Dios, dándose cuenta más tarde de que estudios como el suyo ya habían sido realizados por los antiguos maestros cabalistas, viendo que ambos habían llegado a descubrir el Ain Soph, o la no existencia de Dios, que sirve precisamente como punto de partida para reconocer su existencia en cada uno de nosotros.

Algunas leyendas negras, hablan de que grandes científicos al final de sus días han reconocido en su senilidad o su locura la existencia de Dios. ¡Nada más falso!, pues en las obras de los mismos se puede encontrar esta aceptación, con otro lenguaje pero sin ambages. Esto lo encontramos, sin ir más lejos, cuando en algunos escritos los autores se hallan enfrentados a sus propias limitaciones, preguntándose «Y después del hidrógeno, ¿qué?» y «más allá del universo, ¿qué?» y «más allá de la vida y de la muerte, ¿qué?», sin poder contestarse a sí mismos satisfactoriamente, recayendo una vez más la respuesta en el rostro velado de la eterna sabiduría, siempre constante y continua en la llama divina.

Encendamos pues la vela, que nos lleva sin reticencias ni prejuicios por el sendero de la iluminación.

LAS ESTRELLAS, VELAS DEL FIRMAMENTO

Es muy tópica la frase o la figura del hombre primitivo elevando sus ojos al firmamento en una noche cargada de estrellas, buscando la luz, en los pequeños puntos luminosos que penden de la bóveda celestial. Por manida que esté esta frase, o esta figura, no deja de ser una realidad y una constante vital, que se manifiesta continuamente a través de todas las épocas, pues el hombre sigue alzando la vista buscando un refugio en el calor de las estrellas.

¿Quién puede evitar el sentimiento de trascendencia y al mismo tiempo de pequeñez ante la majestad del universo, al contemplar una noche estrellada? ¿Quién no ha deseado poder alcanzar las estrellas con la mano? ¿Quién no ha dejado de sentir la infinita soledad de la presencia cósmica, al enfrentar el rostro con la inmensidad de las galaxias? Y, ¿quién no ha deseado viajar a través del espacio sideral para encontrarse en contacto con estas influencias?

A pesar de que vivimos en un mundo urbano, de cielos opacos, son muy pocos los que no han tenido, o los que no han experimentado estas sublimes sensaciones, pues en el interior de cada uno de nosotros existe un microcosmos plagado de pequeñas estrellas en perfecta correspondencia con el orden universal que experimenta el macrocosmos.

Esas velas estelares, que contemplamos cuando admiramos el firmamento, han servido repetidamente de guía para los pasos de la humanidad, y los astrónomos y los astrólogos han prestado especial atención a aquellas que se mueven con mayor rapidez y que están más cerca del mundo terrenal. Cada vez que se ha descubierto un planeta, un cometa, una estrella, o una constelación, se ha desvelado a los hombres uno u otro secreto, científico y espiritual. Lo mismo sucede cada vez que encendemos una vela.

Cada uno de los planetas tiene su propia luz interna, pero para que se manifiesten ante nuestros ojos, el padre Sol los enciende cada día transmitiéndoles su luz, pero cada día un planeta tiene más luz solar que los otros, y ésta es la razón por la que los antiguos dieron el nombre de un planeta a cada uno de los días de la semana.

Cada día está iluminado por una gran vela, con sus correspondientes características e influencias. Cada día es de un distinto color, de un distinto tono y de una distinta vibración. Cada día está regido por una divinidad jerárquica distinta. Y cada día guarda una especial correspondencia que une al macrocosmos con el microcosmos. En suma, cada día tiene un sentido mágico especial y diferente a todos los demás; por ello, debemos encender una vela que sea acorde a las características y reflejos de la correspondiente vela celestial.

Podríamos hablar de muchos millones de velas si buscamos una completa compatibilidad con el mundo celestial, tantos miles de millones como huestes y jerarquías existen en el universo, pero hagamos un voto de humildad y empecemos con una sola vela para cada día de la semana, pues con una sola vela podemos empezar a desvelar y a abrir las puertas que nos conduzcan a practicar el sentido mágico de las velas.

Donde hay una vela encendida, se apartan las sombras de la oscuridad.

INDICACIONES BÁSICAS Y CONSEJOS

El uso tradicional de las velas es bastante conocido: se puede encender una vela para eliminar los malos olores, el humo del tabaco, celebrar una efeméride, una cena romántica, cuando carecemos de fluido eléctrico, etc. También es común el uso de las velas en toda clase de iglesias y religiones; pero el uso que le daremos nosotros a las velas es completamente devocional y mágico, por lo que deberemos observar mínimamente un código ético, siguiendo las siguientes pautas:

1. Tomar conciencia clara del cómo, del cuándo y del porqué, antes de encender una vela.

2. Definir claramente si el trabajo mágico o el deseo devocional es para uno mismo o para otra persona.

3. Si es para otra persona, es necesario contar previamente con la aprobación y el deseo de ésta. De no ser así, incurriríamos en un error básico dentro de lo que es un ritual de magia blanca, pues, al carecer del fluido esencial etérico de la persona en cuestión, nuestro trabajo sería vacuo, nulo e incluso nocivo, tanto para la persona como para nosotros mismos.

4. Escoger minuciosamente el día, la hora, el planeta, el signo astrológico, el arcángel protector, el sello del arcángel y el color de la vela que correspondan, dependiendo del deseo o la cuestión a formular (según veremos en el próximo capítulo).

5. Tener presente que la vela puede trabajarse como método de adivinación, o como sistema de protección, o bien como una ayuda para alcanzar un deseo, para curar una enfermedad, o simplemente para pedir luz y guía en nuestro camino.

6. Adquirir conciencia de que el uso de las velas no es un juego, y que por ello no deberemos abusar de ellas. Lo que podamos solucionar a través de nuestro esfuerzo personal no requiere ayuda mágica de ningún tipo. Procure no caer en el uso y en el abuso indiscriminado, que sólo le llevaría a una dependencia pueril y más tarde inocua, del trabajo mágico de las velas. Apártese de la superstición y sea respetuoso con la llamada divina y verá que así obtendrá mejor resultado.

7. Encender una vela en un ritual mágico es tocar a una puerta, es invocar a unas fuerzas y acudir a unas esencias superiores a las cuales deberemos recurrir sólo en caso de verdadera necesidad.

Más vale dar que recibir, en verdad os digo, y cada vez que pedimos y nos es dado debemos ser conscientes de que a nuestra vez tendremos que corresponder en su justa medida. Por ello no pidáis más de lo que necesitéis, ni pidáis más de lo que podáis devolver.

CONSEJOS

Todo ritual requiere la aceptación de unas normas, unas reglas, un código y, en síntesis, un rito que nos conecte devocional o etéricamente con el trabajo a seguir; por ello les recomendamos la observación de los siguientes consejos:

1. Sólo se puede usar una vela por trabajo o consulta; por ejemplo, si le preguntamos a una vela sobre nuestro futuro inmediato, en el plano sentimental, no podremos utilizarla otra vez para preguntarle sobre nuestro plano profesional, es decir, hay que deshacerse de cada vela después de su uso específico. Una vela para cada cosa.

2. Aunque hay personas que prefieren velas cuadradas, piramidales o grabadas, podemos asegurarle que las velas tradicionales, comunes y corrientes, son tan efectivas como cualquier otra, sin importar su material de fabricación o cualquier otro factor de su apariencia externa.

3. Por el sentido mágico de la acción, es preferible encender la vela con una cerilla, que con un encendedor. Sin dejar de lado formas más sofisticadas en la práctica del encendido, como pueden ser el uso de varillas, papeles preparados, u otras velas.

4. Para reforzar el trabajo, se puede recurrir adicionalmente a un tipo determinado de oración o mantra que corresponda al deseo. También se puede recurrir a la piedra correspondiente, a la flor, al perfume, al metal o a la planta (como se verá más adelante en este libro).

5. Uno de los refuerzos más importantes, debido a que depura y prepara el ambiente, es el uso del incienso, el cual recomendamos encarecidamente, siempre de acuerdo a la correspondencia del día y la hora.

6. Es recomendable tener un lugar, o una habitación específica en nuestro hogar, donde poder efectuar con los mínimos requerimientos nuestro trabajo mágico

con las velas. De preferencia que sea el lugar más privado y menos ruidoso pura facilitar nuestra concentración. Puesto que al tener un ambiente favorable nuestro magnetismo funciona mejor y la puerta que conduce a la iluminación se nos hace más asequible. Aunque en casos extremos es válido cualquier lugar.

7. La mesa de trabajo, o el altar, puede ser de cualquier tamaño o forma, pero es importante tener en cuenta que si este altar o mesa tiene otros usos cotidianos en el hogar, deberá cubrirse al efectuar el ritual con el fin de proteger el magnetismo al que estará expuesta. Lo mejor es que se cubra con una tela de algodón, hilo o seda y que esta mesa sea exclusivamente destinada a nuestro trabajo.

Cuando se carece de una vela con un color determinado, siempre se puede recurrir a una vela blanca, pero nunca viceversa, ya que la vela blanca comprende todos los colores. Asimismo, si carecemos de un incienso de aroma específico, siempre podremos recurrir al incienso natural o litúrgico. Siempre que el momento lo exija, el ritual puede hacerse más sencillo, prescindiendo de uno u otro elemento, por supuesto, menos de la vela. Es indispensable que en nuestro altar, o en nuestra mesa de trabajo, se encuentren representados los cuatro elementos básicos de la naturaleza mágica: fuego, aire, agua y tierra. El fuego y el aire quedan representados a través de la propia vela. En cuanto al agua y a la tierra, podremos recurrir a una copa o vaso que contenga dicho elemento, al que se le añadirá una cucharadita de sal. La tierra vendrá representada mediante un pequeño puñado de ésta.

RECETARIO

VELA NARANJA

La vela naranja se utilizará para trabajar todos los aspectos solares, ya que esta vela es la representante del Sol en nuestra Tierra. Esos aspectos son, el dar gracias por todos los favores que se nos han concedido y se nos concederán, como un acto de retribución al Dios Padre o al astro rey; para proteger la salud; para buscar y solicitar la alegría, la paz y la tranquilidad; para alcanzar la prosperidad económica o financiera; para proteger a los descendientes, a los subalternos y a los niños en general; para incentivar la creatividad, las diversiones, los placeres y las actividades artísticas y deportivas; para protegerse en los viajes largos, para resguardar al matrimonio y al noviazgo; para reforzar la vitalidad y la energía creadora; para las nuevas empresas y los transportes, y, esotéricamente, para recibir la luz y alimentar el poder mental y el espíritu.

CORRESPONDENCIAS Y REFUERZOS MÁGICOS DE LA VELA NARANJA

Color: El color *naranja* pertenece a la gama cromática básica del Sol, tal y como lo podemos observar a simple vista o con fotografías, y es más semejante al color de los melocotones que al del referido cítrico. Este color representa a la llave de la curación en la cromoterapia, gracias a su capacidad vitalizadora y regenerativa. El naranja es un color fértil y eminentemente masculino, pero es capaz de dotar de una energía fuera de lo normal a las mujeres, por lo que sirve de generador vital a ambos sexos y al producto de los mismos, es decir, a los hijos. En suma, el color naranja representa a la familia perfecta constituida y armónica.

Día: *Domingo.* La vela naranja debe utilizarse exclusivamente el domingo si se desean obtener los mejores resultados. Este día es tradicionalmente un día de descanso, recogimiento, reposo y esparcimiento. También es un día eminentemente devocional en el que se acrecienta la fe, y los corazones de toda la humanidad apuntan hacia una misma dirección. Como su nombre indica, es el día del Señor o el día del Sol, y generalmente sin importar en la estación climatológica que nos encontremos, en este día el Sol brilla y el tiempo es más apacible y bondadoso. Éste es el mejor día para elevar nuestras oraciones solicitando una guía que ilumine nuestras vidas, y también para agradecer los beneficios y la vida que nos ha otorgado su fuerza creativa.

Hora: La mejor hora para encender la vela naranja en su día, el domingo, es la *primera* desde que salga el *sol*, es decir, al alba, ya que en este momento es cuando el sol adquiere una mayor correspondencia con el color y con la luz de la vela. También se pueden utilizar otras horas, por ejemplo la primera del domingo (de 0:00 a 1:00), buscando la posición más oriental del Sol; de 7:00 a 8:00, para recibir sus primeros rayos; de las 14:00 a las 15:00 horas, buscando el medio cielo, y de las 21:00 a las 22:00 horas, para alcanzar el ocaso.

Planeta: El *Sol* es el planeta correspondiente a la vela naranja, como ya habrán podido observar, y representa a esa fuerza creadora y engendradora de vida que nos permite conservar la existencia en este mundo terrenal. Para la gran mayoría de las religiones y mitologías, el Sol es el Dios Padre. Es también el hogar de los dioses, o el aposento de los Elohim. Es la morada donde los espíritus se depuran, y en donde duermen el sueño milenario que los descarga y libera del peso terrenal. El Sol es el planeta del que todos hemos salido y al cual retornaremos algún día, ya que formamos parte de su esencia.

Signo astrológico: *Leo* es el signo astrológico que refuerza a la vela naranja, y representa la dignidad, el honor y la justicia, así como a los reyes, presidentes, directores, gerentes y, en general a todos los puestos que ostentan las altas jerarquías. En una expresión menor, representa a los deportistas, a los actores, a los maestros y a los niños en general. Leo es el padre físico terrenal, así como el cónyuge. Leo rige la devoción y la aspiración, el nacimiento, el desarrollo y la evolución. Es un signo eminentemente fuerte.

Arcángel: El arcángel del Sol es el *arcángel Miguel* y es el que enciende con su espada de fuego la luz de la vela naranja. Es en sí la jerarquía divina que nos abrirá la puerta y que nos protegerá en el desarrollo de nuestro trabajo solar. Por ello debemos invocarlo y pedirle su consentimiento antes de iniciar nuestro ritual mágico.

Sello: El sello 𝄇𝄐𝄑𝄒 pertenece al arcángel Miguel y es el que deberán escribir en un papel blanco, que no haya sido usado, de preferencia con tinta de color naranja, pues forma parte importante de su invocación. Escribir su nombre sobre papel naranja.

Piedra: La mejor piedra es, sin duda, el *diamante*, pero el *ámbar*, aunque más humilde, no carece de fuerza y está indicado igualmente para revitalizar nuestro ritual. El ámbar está compuesto de materia vegetal que, con el paso del tiempo, se ha mineralizado y fosilizado. Y en nuestro trabajo servirá como un transmisor magnético, que nos ayudará a mantener el equilibrio de las fuerzas y de los elementos invocados.

Flor: La *rosa* o el *lirio*, o ambas, son la representación simbólica del fuego de la naturaleza y son las flores adosadas a la vela naranja. Estas flores representan al estado crístico del hombre. Este estado crístico se alcanza cuando el hombre conoce conscientemente sus cuerpos astral, mental y físico o, como se denomina esotéricamente «cuando la rosa del corazón abre sus pétalos». La rosa debe ser roja y el lirio debe ser blanco; la primera tiene un valor masculino y femenino el segundo.

Perfume: El perfume asociado a la vela naranja es el de *rosas*. La persona que efectúa el ritual se frotará las manos con unas gotas de dicho perfume antes de iniciar el trabajo. El uso del perfume es opcional, pero tenga presente que siempre es mejor disponer de la mayor cantidad de elementos que refuercen nuestra labor.

Planta: Las plantas son la correspondencia del elemento tierra, y en cierta forma nos mantienen unidos a la materia, impidiendo así que nuestra imaginación se dispare. Las plantas relacionadas con la vela naranja son la *manzanilla* y el *romero*. Estas plantas pueden ser incineradas, o presentarse en su estado natural sobre la mesa de trabajo o el altar.

Chacra: El *plexo solar* o tercer chacra fundamental, situado a la altura del esternón, es nuestro centro físico devocional y purificador, y está ampliamente relacionado con la vela naranja; por ello, al realizar el ritual, nuestro pensamiento debe estar enfocado hacia este punto.

Árbol: Al igual que la planta, representa al elemento tierra, y puede utilizarse en lugar o en conjunto con el romero y la manzanilla. Nos estamos refiriendo a la *palmera* y al *cerezo*, de los cuales podemos utilizar cualquiera de sus partes, desde la raíz hasta sus frutos.

Metal: Sin duda alguna el *oro* es el metal que corresponde a la vela naranja, y podemos usar desde una moneda hasta un anillo para tenerlo en nuestra mesa de trabajo. Este metal, por sí mismo, es una representación física, en su forma más densa, de la transmisión solar. El oro es el rey de los metales y, alquímicamente, es la conjugación y la extracción de todos los metales. Es eléctrico y transmisor directo de la llama divina.

Número: El número 1 simbólicamente es la unificación y la síntesis, y por ello mismo el reflejo matemático y geométrico de Dios. Al igual que el nombre y el sello del arcángel, el número 1 se inscribe sobre un papel blanco nuevo en tinta naranja.

Manto: El manto que cubra el altar o la mesa será preferentemente de color naranja y fabricado con hilo, algodón o seda naturales. Recuerde que el manto es el resguardador del magnetismo que se crea en el altar.

Incienso: Este refuerzo representa al elemento aire en nuestro ritual, y sirve para depurar el ambiente y para alejar las malas influencias. Con él se crea la atmósfera adecuada etérica para la transmisión de los mensajes y de las esencias divinas. En el caso de la vela naranja usaremos un *incienso con aroma de rosas*.

Posición: En la próxima lámina detallaremos la posición de todos los elementos correspondientes a la vela naranja, de cualquier manera tenga siempre presente que la posición idónea de ésta en el altar se encuentra ubicada en el punto cardinal que demarque el *Oriente*.

Oración: «Padre celestial, en el nombre de tu hijo el arcángel Miguel, te pido (efectúe su petición). Gracias, bendito sea tu nombre. Amén».

Fisiología: La vela naranja es una vitalizadora de todo el organismo, pero ayuda a curar y a reforzar especialmente el corazón, la columna vertebral, el bazo, el duodeno, la vista y a la fertilidad a través de la glándulas endocrinas de la libido.

Ritual: Cada mago tiene su grimorio, o, en otras palabras, «cada maestrillo tiene su librillo», es decir, a partir de los elementos que les indicamos, pueden actuar en consecuencia. Recordando que son indispensables el uso de la vela naranja, un lugar apartado y silencioso que permita su concentración, y la devoción suficiente que requiere un acto de fe, para obtener los mejores resultados. De cualquier manera, es aconsejable realizar este ritual durante nueve domingos consecutivos, a la hora del Sol. Pero, si la premura es nuestra divisa, bastará que con toda nuestra devoción, deseo de sacrificio y fe, desarrollemos el ritual un solo domingo a la hora del Sol, es decir, al alba.

VELA

NARANJA

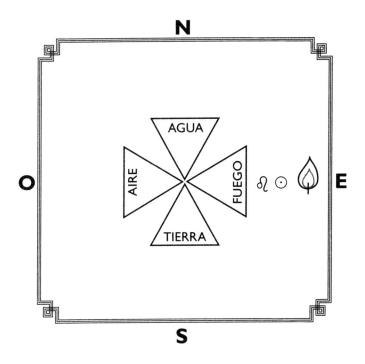

N

O

E

S

AGUA

AIRE

FUEGO

TIERRA

Nombre: Arc. Miguel
Sello: ☙☙☙
Número: 1

ALTAR

Nota. En el orden que muestra la cruz dibujada sobre el altar, se deberán colocar los refuerzos mágicos de cada vela, tomando en cuenta que al elemento fuego pertenecen: la flor, la vela y el incienso, si bien la vela se irá colocando de forma independiente en su punto cardinal (el incienso también pertenece al elemento aire). Al elemento fuego pertenecen asimismo, los signos astrológicos de Aries, Leo y Sagitario.

Al elemento aire pertenecen: el perfume, el incienso, el nombre del arcángel, el sello del mismo, el número y los signos astrológicos de Géminis, Libra y Acuario.

Al elemento tierra pertenecen: la piedra, el metal, el árbol y la planta (con excepción de la vela blanca, en donde las plantas representan al elemento agua). Si se carece de estos refuerzos, un puñado de tierra bastará. Tauro, Virgo y Capricornio son de tierra.

El elemento agua se representará, como ya hemos indicado, con un vaso o una copa que contenga agua salada. Cáncer, Escorpión y Piscis son los signos astrológicos del elemento agua.

VELA BLANCA

La vela blanca se utilizará para trabajar todos los aspectos lunares, ya que esta vela es la representante de la madre Luna en nuestra Tierra. Estos aspectos son: fortalecer la imaginación, la creatividad y la fertilidad; para protegerse en los viajes cortos y en las travesías marítimas; para proteger a los hijos durante su primera infancia, desde su nacimiento hasta los ocho años de edad; para incentivar el psiquismo y la intuición, para reforzar los lazos emotivos a nivel familiar y para favorecer las mudanzas y los cambios en casa. La vela blanca significa principalmente la limpieza, la pureza y la armonía del hogar.

CORRESPONDENCIAS Y REFUERZOS MÁGICOS DE LA VELA BLANCA

Color: El color *blanco* es la gama cromática básica de la Luna, tal y como la podemos ver en las noches de plenilunio. Este color contiene en sí mismo a todos los demás colores, y es el encargado de transmitir a todos los seres vivos la influencia divina a través de la maternidad. Por lo tanto, es un color puro e inmaculado, que representa a todos los principios y elementos de la feminidad, aunque ciertamente, este color, hace al hombre extremadamente alegre, fértil y creativo.

Día: *Lunes.* La vela blanca debe utilizarse exclusivamente el lunes, si esperamos que funcione en toda su magnitud, aunque, como ya hemos dicho antes, en caso de urgencia puede sustituir a otras velas. Ésta es la «vela comodín», y a menudo se la usa para proteger otros trabajos. El lunes es un día de comienzos de cambios, de actividad y de movimiento. También es un día que representa lo cotidiano, lo repetitivo, y tradicionalmente se utilizaba para dar testimonio de la fe y para solicitar el perdón de los pecados. Éste es el mejor día para pedir la ayuda que favorezca a nuestros familiares.

Hora: La mejor hora para trabajar con la vela blanca es la segunda a partir de la salida del sol, correspondiente a las *09:00 horas*. También se puede operar con esta vela a las horas meridionales, medianoche y mediodía. Se recomienda no trabajar con vela blanca cuando la Luna se encuentre en plenilunio o en novilunio. El trabajo que se empiece en luna creciente se realizará, según los deseos del consultante, con mayor rapidez. Pero, si lo que se desea tiene que llevar un lento desarrollo, se aconseja esperar a que la Luna se encuentre en su fase menguante.

Planeta: La *Luna* es el planeta correspondiente a la vela blanca y representa la fuerza receptiva, transmisora y a todo aquello que es engendrado. La Luna es la Gran Madre, y, por reflejo, todas las madres del mundo. Es la Virgen que intercede ante el Padre y ante el Hijo, para salvaguardar a la humanidad. Es la consciencia psíquica y la personalidad interior del ser humano. Su energía es magnética y domina a la reproducción de todos los órganos y seres vivos, así como las menstruaciones y el flujo y reflujo marítimo. La Luna representa todo lo transitorio.

Clásicamente, es el segundo planeta después del Sol y, por ello mismo, la esposa madre del astro rey. La Luna es el planeta (satélite) más cercano a la Tierra, y es el que más influencia tiene sobre el mundo físico, terrenal y material.

Signo astrológico: *Cáncer* es el signo astrológico que refuerza la vela blanca, y representa la maternidad, el hogar, la familia, la generación, los partos, la suerte incierta y el verano. Éste es un signo sensible con una apariencia externa dura o alegre, pero con una esencia débil y sensible. En este signo encontramos una buena capacidad de orden, de ahorro, de memoria y resignación. También representa a viajantes, vendedores, publicistas, relaciones públicas, cocineros, jardineros y, en general a todas las personas hipersensibles, susceptibles, fantasiosas, imaginativas y caprichosas. Cáncer también representa la depresión y la negación. Su instinto es maternal o paternal según el caso, y siempre está dispuesto a proteger y a arropar a los demás, como reflejo de sus propias apetencias.

Arcángel: El arcángel de la Luna es el *arcángel Gabriel*, que intercede en defensa de sus protegidos. Hemos de escribir su nombre en un papel blanco, nuevo, con tinta de color gris perla, o sobre un papel gris, en tinta blanca. El arcángel Gabriel es la jerarquía divina que nos abrirá la puerta y nos protegerá en el desarrollo de nuestro trabajo lunar; por ello debemos invocarle y pedir su permiso y protección antes de iniciar nuestro ritual mágico.

Sello: El sello ⟨símbolo⟩ pertenece al arcángel Gabriel y, al igual que el nombre, deberá inscribirse sobre un papel blanco o gris perla, con tinta gris o blanca respectivamente.

Piedra: *Perla.* Ésta es una joya elaborada con toda la materia orgánica calcificada del mar. La expresión más sublime del calcio es la perla. Esta piedra, en nuestro trabajo, tiene el propósito de transformar, transmutar y pulir los elementos y las fuerzas invocadas.

Flor: Aunque se puedan usar todas aquellas plantas preponderantemente acuosas, la *rosa blanca* es la más indicada para reforzar este ritual mágico. Esta flor representa la bondad, la misericordia, la pureza, el sacrificio y, en general, todas las virtudes femeninas. Es habitual ver la figura de la Virgen con una rosa blanca en su mano.

Perfume: El perfume asociado a la vela blanca es el de los *nenúfares.* La persona que efectúe el ritual se frotará las manos con unas gotas de este perfume antes de iniciar su trabajo. El uso del perfume es opcional, pero tenga presente que siempre es mejor disponer de la mayor cantidad de elementos que refuercen nuestra labor.

Planta: Las plantas son la correspondencia del elemento agua, que en este caso nos liberan de nuestras máscaras y nuestras envolturas, permitiendo así una mayor correspondencia con el fluido magnético. Las plantas relacionadas con la vela blanca son el *acanto,* la *lechuga* y la *col,* y nos servirán de mejor manera si las colocamos dentro de un recipiente que contenga agua.

Chacra: La *glándula pineal,* o séptimo chacra fundamental, se sitúa justo en el centro de la cabeza, asentándose sobre la silla turca del esfenoides. Este chacra está ampliamente relacionado con la vela blanca y representa al centro psíquico-físico de nuestro organismo; por ello, al realizar el ritual, nuestro pensamiento debe estar enfocado en este punto.

Árbol: El *avellano* representa el elemento tierra, y será el ancla que nos mantenga unidos al mundo real mientras desarrollamos nuestra labor. De éste podemos utilizar sus ramas, sus hojas, su corteza, sus raíces o sus frutos.

Metal: La *plata* es el metal que corresponde directamente a la vela blanca, y es el representante más denso y magnético de la madre Luna. Su magnetismo atrae, recibe y transmite los beneficios de la llama divina.

Número: El número 2 simbólicamente es la dualidad, el antagonismo de los opuestos y el equilibrio que se forma entre ellos. Es el binario, o la primera comunión del uno en reflejo consigo mismo. Representa al entendimiento que nace de la sabiduría del uno. Al igual que el nombre y el sello del arcángel, el número 2 se inscribe sobre un papel blanco o gris, con tinta gris o blanca respectivamente.

Manto: El manto que cubra el altar o la mesa de trabajo, preferentemente será de color *blanco* y fabricado con hilo, algodón o seda naturales. El manto es el resguardador del magnetismo que se crea en el altar.

Incienso: Este refuerzo representa al elemento aire en nuestro ritual, y sirve para depurar el ambiente y alejar las malas influencias. Con él se crea la atmósfera adecuada etérea para la transmisión de los mensajes y de las esencias divinas. En el caso de la vela blanca usaremos un incienso *con aroma a lilas o a violetas.*

Posición: En la siguiente lámina detallaremos la posición de todos los elementos correspondientes a la vela blanca. De cualquier manera, tenga siempre presente que la posición idónea de la vela blanca en el altar se encuentra ubicada en el punto cardinal que demarque el *Norte*.

Oración: «Madre celestial, en el nombre de tu hijo el arcángel Gabriel, te pido (efectúe su petición). Gracias, bendito sea tu nombre. Amén».

Fisiología: La vela blanca tiene capacidad para purificar todo el organismo, pero ayuda a curar y a reforzar especialmente el estómago y el sistema linfático en general, al sistema nervioso central y el parasimpático. Por otra parte protege en los partos, el embarazo, y la crianza, las menstruaciones, las glándulas mamarias y la producción de calcio en el organismo. También protege al consultante contra la sequedad de la piel y del cuero cabelludo, y ayuda a la reproducción armónica de las células de todo nuestro organismo.

Ritual: Basándose en los elementos que ya hemos citado, cada persona puede crearse su propio ritual, sin olvidar el respeto y la devoción que se le debe al mismo, porque la vela blanca es la madre de todas las velas. Para que el resultado tenga una mayor duración, será necesario dedicarle nueve lunes consecutivos (tomando en cuenta como ya indicamos, que en estos días no se presenten las fases de plenilunio o de novilunio), a la hora de la Luna. O bien dos días seguidos, a la hora de la Luna, empezando siempre en lunes, si la importancia de nuestro trabajo así lo requiere.

VELA

BLANCA

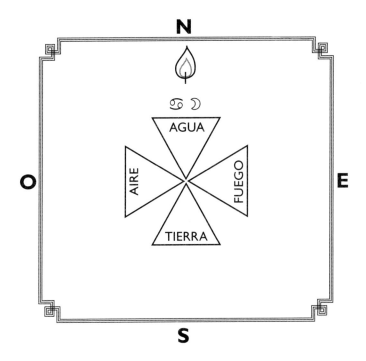

Nombre: Arc. Gabriel
Sello: *Jehophaile*
Número: 2

ALTAR

Nota. En el orden que muestra la cruz dibujada sobre el altar, se deberán colocar los refuerzos mágicos de cada vela, tomando en cuenta que al elemento fuego pertenecen: la flor, la vela y el incienso, si bien la vela se irá colocando de forma independiente en su punto cardinal (el incienso también pertenece al elemento aire). Al elemento fuego pertenecen asimismo, los signos astrológicos de Aries, Leo y Sagitario.

Al elemento aire pertenecen: el perfume, el incienso, el nombre del arcángel, el sello del mismo, el número y los signos astrológicos de Géminis, Libra y Acuario.

Al elemento tierra pertenecen: la piedra, el metal, el árbol y la planta (con excepción de la vela blanca, en donde las plantas representan al elemento agua). Si se carece de estos refuerzos, un puñado de tierra bastará. Tauro, Virgo y Capricornio son de tierra.

El elemento agua se representará, como ya hemos indicado, con un vaso o una copa que contenga agua salada. Cáncer, Escorpión y Piscis son los signos astrológicos del elemento agua.

VELA ROJA

La vela roja está fuertemente ligada con todos los preceptos de la masculinidad física y material del ser humano. Esta vela simboliza el principio de nuestra raza en el mundo y es óptima para incentivar la autoridad, la virilidad, la juventud y todo impulso o empresa positiva que deseemos alcanzar. La vela roja nos protege de los accidentes, principalmente de aquellos que afecten o dejen huellas en la cabeza, de las cortaduras, del fuego de las armas y de los animales carnívoros. Está indicada principalmente para evitar o para ayudar en el proceso de las intervenciones quirúrgicas, y de la misma manera nos protege de las intoxicaciones y de los envenenamientos.

CORRESPONDENCIAS Y REFUERZOS MÁGICOS DE LA VELA ROJA

Color: El color *rojo* es la representación de la corriente sanguínea, y nadie duda en considerarlo atractivo y violento. El rojo es un color básico e indispensable en la composición cromática, ya que en combinación con el amarillo y el azul, llega a crear todos los demás colores. El rojo es un color cálido, viril y rejuvenecedor, principalmente conectado con la fuerza del elemento masculino. Este color hace a la mujer severa pero agradable.

Día: *Martes.* La vela roja debe utilizarse exclusivamente el martes para que pueda expresar su impulso, su protección y su fuerza. El martes es un día de lucha que llega a alcanzar la armonía a través de los conflictos y las batallas cotidianas. En él se desarrolla la acción, la energía, la construcción, el valor y el deseo de la conquista. Es un día dedicado principalmente a los soldados y a los misioneros de alta graduación, por ello en este día deberemos de pedir luz, para que el impulso ciego y el deseo desmedido no entorpezcan nuestra verdadera misión espiritual en la Tierra.

Hora: La mejor hora para trabajar con la vela roja es la tercera a partir de la salida del astro rey, que corresponde a las *11:00 horas* de nuestro horario normal, alcanzando en algunas estaciones hasta el mediodía o las *13:00 horas*, como es el caso del invierno. También podemos trabajar la vela roja a las *20:00 horas*. Esta vela adquiere mayor relevancia y funcionalidad en la primavera.

Planeta: El planeta correspondiente a la vela roja no es otro que *Marte*, aunque el que hasta hace poco fuera considerado también planeta, Plutón, puede ayudarle a engrandecer y sublimar sus influencias. Marte es un planeta cálido y transparente, de coloraciones marrones, ocres y rojizas, y es el primer representante del hombre físico y material, de las luchas y de los enfrentamientos que ha de seguir éste hasta que se encuentre nuevamente consigo mismo en el umbral de la muerte. Marte es la fortaleza física y la personalidad exterior del hombre, y su influencia nos induce a construir, a destruir y a volver a construir sobre lo destruido. Su energía es eléctrica y domina la expresión física de los seres humanos, así como su comportamiento y su forma de enfrentarse ante la vida. Marte es un planeta de fuego y tradicionalmente es el cuarto planeta a partir del Sol, representando, más que su posición real, al valor intrínseco del cuaternario, es decir, la creación de la materia en la Tierra.

Signo astrológico: Los signos astrológicos que prestan su apoyo a la vela roja son *Aries* y *Escorpión*. El primero representa al hombre trascendente y al mismo tiempo al hombre primitivo. Todo en él es impulso y deseo, y tiene la responsabilidad de dirigir, edificar y mejorar el mundo en que le ha tocado vivir. Aries representa a los primeros y a los últimos, al alfa y al omega terrestre, y bíblicamente está relacionado con el Adam Qadmon y con uno de sus hijos, Abel. El segundo signo, el Escorpión, es el representante del bautismo que se realiza para renacer dentro de la vida misma a una vida mejor. Su misión es dura y difícil, ya que está encargado de la muerte física, de la destrucción y de la autodestrucción. Pero también se encarga de la investigación y de la profundización introspectiva de las ciencias ocultas. Bíblicamente representa a Caín, y en una forma más bonancible e igualmente luchadora y violenta, a Juan el Bautista.

Arcángel: El arcángel que mantiene viva la llama divina de la vela roja es *Samael*. Este arcángel tiene puntos positivos muy agradables, pero también posee puntos negativos muy detestables, pues se le atribuye la paternidad del terror y el miedo, bajo los cuales jamás deberemos caer. De cualquier manera, este arcángel nos guiará y nos protegerá en nuestro trabajo con la vela roja. Por ello debemos invocarle y solicitar su permiso para realizar nuestra labor. Hemos de inscribir su nombre sobre un papel blanco con tinta roja.

Sello: Al igual que el nombre, deberemos inscribir en un papel blanco, nuevo, con tinta roja, el sello ☞~⤴, que pertenece al arcángel Samael, para tenerlo presente al momento de realizar nuestra oración o invocación.

Piedra: La piedra que representa a la vela roja es el *granate*, y corresponde al principio de la energía que lleva intrínseca la circulación sanguínea. Se le dan también propiedades afrodisíacas al vinculársele con el fuego del Kundalini. El granate es una formación cristalina que aparece en las tierras azules de África del Sur, aunque también se le puede encontrar en otros puntos del planeta, y se compone principalmente de aluminio y magnesio.

Flor: El *clavel rojo* guarda una amplia correspondencia con la vela roja. La aparente docilidad del clavel contrasta con la fuerza de los demás elementos de la vela roja, pero su aroma y su natural belleza y resistencia le otorgan características de enorme atractivo.

Perfume: Es precisamente el perfume de *clavel* el que necesitaremos para ungirnos las manos antes de iniciar nuestro trabajo con la vela roja, ya que nos ayudará a hacer más dóciles los elementos que habremos de manipular.

Planta: Todas aquellas plantas que contengan espinas, o bien cuyo sabor sea picante o irritante, se corresponden de una forma natural con la vela roja. Nosotros les recomendamos los *cactus* en todas sus variedades, por la gran capacidad de supervivencia que han demostrado a través de los tiempos.

Chacra: La vela roja se relaciona con el segundo chacra fundamental, pero no deja de tener relación con el primero. El segundo chacra es conocido como el *chacra del bazo* y se encuentra a la altura de la zona renal, mientras que el primer chacra se encuentra situado a la altura de los órganos sexuales. En su estado sublime se conoce con el nombre de mudalara, sede de Kundalini, y en su estado normal como gónada. Nuestro pensamiento, al efectuar el ritual, debe estar enfocado hacia estos puntos.

Árbol: El *ciruelo* se encuentra vinculado con la vela roja y es uno de nuestros refuerzos que representan al elemento tierra. Les recordamos que se pueden utilizar cualquiera de sus partes.

Metal: El *hierro* es el metal que guarda dentro de sí toda la eclosión de la fuerza de la vela roja, por sus propios valores físicos y minerales, y por su intrínseca relación con el planeta Marte. Un clavo de hierro será suficiente para representarlo en nuestra mesa de trabajo. El hierro es eléctrico, pero puede adquirir capacidades magnéticas, y es tradicionalmente conocido como el metal de la construcción y de la guerra.

Número: El número 3 es la Trinidad en sí, es decir, alma, mente y cuerpo, que dará lugar más tarde a una generación física. El 1 es el Padre, el 2 la Madre y el 3 el producto de su comunión. Al igual que el sello y el nombre del arcángel, el número 3 deberá inscribirse sobre un papel blanco en tinta roja.

Manto: De las fibras naturales de la seda, el algodón o el hilo deberá ser fabricado el manto que cubra nuestro altar. Su color debe ser el *rojo*.

Incienso: Usaremos un incienso *con aroma de clavel* para depurar el ambiente que se crea en torno a la vela roja.

Posición: La vela roja se ubicará al *Nordeste* de nuestro altar (*véase* la siguiente lámina).

Oración: «Padre Celestial, en nombre de tu hijo, el arcángel Samael, te pido (efectúe aquí su petición). Gracias, bendito sea tu nombre. Amén».

Fisiología: La vela roja otorga virilidad y fuerza y protege especialmente la cabeza y la cara, los órganos sexuales, las vías urinarias, los riñones y, más específicamente, las glándulas suprarrenales. Incentiva la circulación sanguínea y las secreciones biliares y hepáticas. Recuerde que la vela roja es de gran ayuda para proteger a los seres queridos ante situaciones de violencia, de peligro, así como para evitar accidentes, envenenamientos y, en general, para cualquier operación quirúrgica.

Ritual: Teniendo en cuenta los refuerzos mágicos, el consultante puede desarrollar su propio sistema de trabajo, observando una conducta leal, franca y decidida, ya que para trabajar con la vela roja se requiere un mínimo de fuerza y vigor. Cuando el trabajo a desarrollar sea con vistas a un futuro, deberemos efectuarlo durante nueve martes consecutivos, a la hora de Marte. Y, en el caso de que nuestro deseo o necesidad sea acuciante, podremos recurrir a desarrollarlo durante tres día seguidos, a la hora de Marte, a partir siempre de un martes, con toda la fuerza de que seamos capaces.

VELA
ROJA

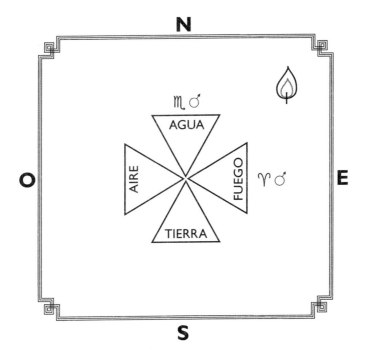

Nombre: Arc. Samael
Sello: ᵗᵇ⌐ᵉᵍ
Número: 3

ALTAR

Nota: En el orden que muestra la cruz dibujada sobre el altar, se deberán colocar los refuerzos mágicos de cada vela, tomando en cuenta que al elemento fuego pertenecen: la flor, la vela y el incienso, si bien la vela se irá colocando de forma independiente en su punto cardinal (el incienso también pertenece al elemento aire). Al elemento fuego pertenecen asimismo, los signos astrológicos de Aries, Leo y Sagitario.

Al elemento aire pertenecen: el perfume, el incienso, el nombre del arcángel, el sello del mismo, el número y los signos astrológicos de Géminis, Libra y Acuario.

Al elemento tierra pertenecen: la piedra, el metal, el árbol y la planta (con excepción de la vela blanca, en donde las plantas representan al elemento agua). Si se carece de estos refuerzos, un puñado de tierra bastará. Tauro, Virgo y Capricornio son de tierra.

El elemento agua se representará, como ya hemos indicado, con un vaso o una copa que contenga agua salada. Cáncer, Escorpión y Piscis son los signos astrológicos del elemento agua.

VELA AMARILLA

La vela amarilla está ampliamente relacionada con los efluvios mentales del ser humano, y con la expresión física de los mismos. Esta vela simboliza el comercio y el intercambio, el orden, el razonamiento y la lógica. En suma, podemos decir que la vela amarilla está conectada con problemas más humanos y cotidianos. Esta vela nos da una gran capacidad de movimiento y de actividad, y nos permite darle forma y realidad a nuestros pensamientos. La vela amarilla es la gran transmisora y mediadora; nos permite emitir y recibir mensajes; en una palabra, es la vela de la comunicación. Su gama es muy amplia y nos protege y nos ayuda en muchos factores, pues representa por sí misma a la cotidianeidad y a la dispersión. Está especialmente indicada para las transacciones comerciales de toda índole.

CORRESPONDENCIAS Y REFUERZOS MÁGICOS DE LA VELA AMARILLA

Color: El color *amarillo* es otro de los colores básicos de la gama cromática, y es utilizado con mucha frecuencia para iluminar y abrillantar a otros colores. Su tonalidad es suave, pero puede llegar a ser punzante e hiriente, mientras más luminoso sea, o incluso desagradable y repelente cuando su tonalidad adquiere mayor palidez. De cualquier manera el color amarillo es tan llamativo y alegre que nos invita al solaz esparcimiento. Incide tanto en el hombre como en la mujer, haciéndoles más razonables y a la vez acomodaticios.

Día: *Miércoles.* La vela amarilla debe utilizarse principalmente el miércoles, pues en este día su tono y su vibración llegará con más fuerza al consultante. El miércoles es conocido por su actividad febril y comercial. En algunas latitudes es tomado como el día más óptimo para contraer matrimonio, pues las dotes de los cónyuges aumentarán si se casan en este día. Como su nombre indica, el miércoles es día de mercado aunque también es el punto de la semana en que el tiempo climatológico suele cambiar.

Hora: La vela amarilla, por su actividad, puede ser utilizada casi a cualquier hora, pero la más recomendable es la cuarta a partir de la salida del sol, que corresponde a las *12:00 horas* de nuestro horario normal.

Planeta: *Mercurio* es el planeta relacionado con la vela amarilla. Después del Sol y la Luna, Mercurio es el planeta que se mueve a mayor velocidad en nuestro firmamento, recibiendo la gracia de la luz del Sol. Los antiguos alquimistas adoraban a este planeta por considerarlo el más parecido en esencia al licor solar, o elixir de la vida. Para estos efectos, Mercurio se presenta en su forma óptima a través del color amarillo, y en este estado se le denomina el Mercurio filosofal. El segundo estado de Mercurio es el Mercurio argento, que es igualmente activo, pero que carece de la fuerza mágica suficiente para ayudarnos en nuestra labor. Mercurio es conocido como el planeta de la razón, ya que incentiva el conocimiento humano de una forma ordenada. Su energía es ambivalente y permite la dispersión y especialización de las ideas. Su mejor estado es el del servicio a los demás, sobre todo en la medicina preventiva. Es, por lo tanto, magnético y eléctrico, receptor y transmisor, y se encarga de transmitirnos y de enseñarnos el conocimiento del mensaje de la llama divina de los dioses.

Signo astrológico: Los signos astrológicos que prestan su ayuda a la vela amarilla son *Géminis* y *Virgo*. El primero representa la separación de los sexos, y la dispersión de las ideas sobre el mundo entero. Los valores positivos de este signo son harto destacables, pero, al ser un signo ambivalente, también nos encontramos con valores negativos de la misma intensidad. De cualquier manera, Géminis es el médico ortodoxo del Zodíaco y el defensor de los pobres y de las causas casi imposibles, por lo que nos ayudará bastante en nuestro ritual con la vela amarilla. Virgo está relacionado con el segundo nacimiento, es decir, es el signo que da las segundas oportunidades y es conocido como el médico naturista del cinturón zodiacal. Virgo también representa el orden y la virtud, ayudándonos así a preparar el camino antes de tomar cualquier decisión de cierta importancia. Ambos signos, aunque no sean compatibles entre sí, se apoyan mutuamente y dan un excelente refuerzo a los valores de la vela amarilla.

Arcángel: El *arcángel Rafael,* con su fuego eterno es el que enciende la mecha de la vela amarilla, poniéndonos en contacto con las influencias astrales, dándonos siempre una razón lógica, del porqué de su influencia. Este arcángel está ampliamente vinculado con Hermes el Tres Veces Grande, y con su famoso precepto mágico: «Lo que es arriba es abajo, y lo que es abajo es arriba». Hemos de inscribir su nombre sobre un papel blanco con tinta amarilla, para invocarle y solicitarle su ayuda en nuestra labor mágica con la vela amarilla.

Sello: De la misma manera que el nombre del arcángel, regidor de las rutas y de los viajes, deberemos inscribir su sello, ⚹⚹⚹⚹, sobre un papel blanco, con tinta amarilla y tenerlo siempre presente en el momento de realizar nuestra oración.

Piedra: Ágata. El *ágata* es la piedra que expresa la energía de la vela amarilla y está formada por cristales de cuarzo expuesto a la acción de aguas superficiales ricas en calcio. Esta piedra es la forma mineralizada de la protección mercurial sobre el entrecejo del hombre, ya que está vibrando constantemente en un tono parecido a los fuegos cósmicos, que se encuentran tanto en las estrellas como en el ígneo centro de la Tierra, y nos ayudará en nuestro trabajo a conocer y a aceptar el sacrificio necesario que nos permitirá rendir un servicio a la humanidad.

Flor: *Rosa amarilla.* La rosa amarilla es la flor que entra en perfecta comunión con la vela amarilla, ya que esta flor representa en sí misma la comprensión y el conocimiento. En cierta forma es hija de la rosa roja y la rosa blanca, y tiene una mayor resistencia a los cambios climatológicos que estas dos.

Perfume: El perfume que deberemos ungirnos en las manos, antes de iniciar nuestro trabajo con la vela amarilla es el de *sándalo*, pues este perfume nos permitirá concretar con mayor facilidad nuestra labor.

Planta: El *espliego* y la *valeriana* son las plantas más indicadas para favorecer el desarrollo del ritual con la vela amarilla. La acción de estas plantas es depuradora y sedante, y ayudan al desarrollo de una mejor concentración mental.

Chacra: La vela amarilla se relaciona con el cuarto chacra fundamental o *glándula del timo*, chacra que recibe siempre el apoyo y el impulso del tercer chacra fundamental o plexo solar. El cuarto chacra fundamental posee una energía cardíaca, y mantiene latente dentro del hombre el conocimiento de la magia y de la ciencia. El cuarto chacra fundamental se encuentra localizado entre la clavícula y el hombro izquierdos, por lo que deberemos de enfocar nuestro pensamiento, al efectuar el ritual, sobre este punto.

Árbol: El *manzano* es el árbol relacionado con la vela amarilla, específicamente el que produce la variedad de manzana Golden. Cabe destacar su relación con el paraíso, donde se le erigió como el productor de la fruta que dio al hombre el conocimiento del bien y del mal.

Metal: El *mercurio*. El mercurio con sus peculiaridades morfológicas, siempre susceptibles al cambio, es el metal que guarda la esencia transmisora de la vela amarilla. Un termómetro será suficiente para representarlo en nuestro altar. El mercurio puede ser magnético o eléctrico, pero siempre será un gran mesurador de los efectos físicos que lo circundan, que nos permite comparar un estado con otro. Es por eso que está intrínsecamente conectado con nuestro razonamiento.

Número: El número 4 es la clave que transforma todo lo espiritual en efecto físico. Este número simboliza lo cotidiano, la ambición y la materia, pero tiene la gran capacidad de contener dentro de su estructura tanto a los cuatro elementos como a la Trinidad espiritual. Al igual que el sello y el nombre del arcángel, el número 4 deberá escribirse sobre un papel blanco, con tinta amarilla.

Manto: De las fibras naturales de la seda, el algodón o el hilo deberá ser fabricado el mantel que cubra nuestro altar y su color será el *amarillo*.

Incienso: *Sándalo*. Nada mejor que el aroma de este incienso para atraer hasta nuestra mente los designios de la llama divina, que alumbrará los senderos de la vela amarilla.

Posición: La vela amarilla se ubicará al *Nordeste* de nuestro altar (*véase* la siguiente lámina).

Oración: «Padre celestial, en nombre de tu hijo el arcángel Rafael, te pido (efectúe aquí su petición). Gracias, bendito sea tu nombre. Amén».

Fisiología: La vela amarilla nos da una gran capacidad de actividad y de movimiento, pero protege especialmente a los pulmones y a los bronquios, al sistema cerebral y a sus ramificaciones nerviosas, a la respiración en general y, asimismo a la lengua, los intestinos, los brazos, las manos y el oído. La vela amarilla también está ampliamente relacionada con la agilidad mental, la memoria cognoscitiva, la elocuencia y la capacidad de escuchar y de leer entre líneas. La vela amarilla nos protege de las enfermedades psicosomáticas, y le permite al consultante salir de su encierro para abrirse a nuevas fuentes de conocimiento, pues la vela amarilla rompe la timidez y favorece las relaciones sociales.

Ritual: Sin despreciar ninguno de los refuerzos mágicos, la persona puede crearse un razonable método de trabajo con la vela amarilla, que nos dará una sustentación de base al ofrecernos la realidad de sus resultados. En caso de que el trabajo requiera de cierto tiempo, es menester realizarlo durante nueve miércoles consecutivos a la hora de Mercurio. Pero si el deseo que nos ocupa es apremiante, podremos trabajar durante cuatro días seguidos, a la hora de Mercurio, iniciando siempre un miércoles.

Nota: En el orden que muestra la cruz dibujada sobre el altar, se deberán colocar los refuerzos mágicos de cada vela, tomando en cuenta que al elemento fuego pertenecen: la flor, la vela y el incienso, si bien la vela se irá colocando de forma independiente en su punto cardinal (el incienso también pertenece al elemento aire). Al elemento fuego pertenecen asimismo, los signos astrológicos de Aries, Leo y Sagitario.

Al elemento aire pertenecen: el perfume, el incienso, el nombre del arcángel, el sello del mismo, el número y los signos astrológicos de Géminis, Libra y Acuario.

Al elemento tierra pertenecen: la piedra, el metal, el árbol y la planta (con excepción de la vela blanca, en donde las plantas representan al elemento agua). Si se carece de estos refuerzos, un puñado de tierra bastará. Tauro, Virgo y Capricornio son de tierra.

El elemento agua se representará, como ya hemos indicado, con un vaso o una copa que contenga agua salada. Cáncer, Escorpión y Piscis son los signos astrológicos del elemento agua.

VELA

AMARILLA

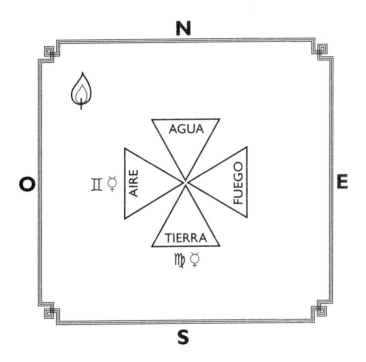

Nombre: Arc. Rafael
Sello: ⌐φ⌐⊕⊞⋇
Número: 4

ALTAR

VELA PÚRPURA

La vela púrpura incide principalmente en el estado espiritual del ser humano, otorgándole una gran capacidad de sacrificio, al mismo tiempo que le permite desarrollar la fuerza de voluntad necesaria para expansionarse en un sentido concreto. Esta vela simboliza los estudios profesionales y superiores, así como los juicios y todo lo que tenga que ver con la legalidad o la autoridad. La vela púrpura nos ayuda cuando tomamos la determinación de establecernos o de ir a estudiar al extranjero, ya que es portadora de la llama misionera y, a pesar de su relación con los efectos materiales, siempre se encuentra a las puertas del espíritu.

La vela púrpura es también la llama de la iniciación, y no hay llama grande o pequeña que no tenga que pasar por sus dominios. La vela púrpura nos impulsará siempre en nuestro crecimiento y desarrollo empresarial, comercial y espiritual, ya que es la luz que nos engrandece.

CORRESPONDENCIAS Y REFUERZOS MÁGICOS DE LA VELA PÚRPURA

Color: El color *púrpura* es la tonalidad cromática de los canales áuricos que nos permiten contactar con las entidades superiores. Este color aparece a menudo como un reflejo en las cabezas de los sacerdotes y los religiosos, sin importar la fe que profesen; por tanto, el color púrpura es el color de la fe que permite al ser humano aventurarse en las guerras santas y en toda clase de misiones espirituales. Este color es magnético y atrayente y nos invita siempre a profundizar y a meditar, y sólo produce el miedo en aquellos que no se sienten limpios de espíritu.

Día: *Jueves.* La vela púrpura debe utilizarse principalmente el jueves, ya que en este día siempre es posible la renovación y el rejuvenecimiento del espíritu. La bondad, la jovialidad, la generosidad y la buena disposición se asientan en los corazones humanos precisamente en este día. Y un juicio o un litigio siempre será menos severo y más misericordioso si se realiza el jueves; por ello en la antigüedad los jueces y los monarcas lo tenían como su día de audiencia.

Hora: La hora óptima para trabajar con la vela púrpura es la quinta a partir de la salida del astro rey, tradicionalmente conocida como la hora en que empieza la tarde, es decir, las *14:00 horas* de nuestro horario normal, alcanzando hasta las *16:00 horas* término de su influencia.

Planeta: *Júpiter* es el planeta que se conecta con la llama de la vela púrpura. Este planeta es el más grande de nuestro sistema planetario solar después del Sol, pero, a pesar de su tamaño, no es un planeta pesado y su atmósfera da la apariencia de encontrarse en constante expansión. Júpiter representa a la deidad terrestre más cercana a nosotros, como se refleja en todas las mitologías. Sus principales valores son la sabiduría, la benevolencia, el buen juicio, la grandeza del alma, la generosidad y el gobierno de los hombres. Júpiter es el gran benefactor y, si bien se encarga de mantenernos dentro de la ley, también nos atrae a la fortuna y siempre mantiene su vista hacia los ideales superiores del hombre.

Signo astrológico: *Sagitario* y *Piscis* son los signos astrológicos conectados con la vela púrpura. Sagitario es el símbolo del espíritu, pues es la flecha que lanza el hombre con dirección a las estrellas. Este signo representa clásicamente a todos aquellos que tienen una vocación religiosa, por ello la filosofía y la sabiduría se encuentran contenidas en el arco del centauro. Nadie como los sacerdotes para expresar los valores intuitivos y proféticos del Sagitario, que, en una forma más física, se relaciona con la independencia y la capacidad para enfrentarse al mundo por medios propios, a la vez que se ayuda a los demás. En suma, Sagitario es el gran viajero, el emprendedor, el misionero, el hombre audaz y valiente, que jamás pierde ni el optimismo ni el entusiasmo y que mantiene sobre todas las cosas la generosidad y la jovialidad. Mientras que Piscis, el responsable de la salvación crística durante los últimos dos mil años, simboliza la humildad, el perdón, la misericordia, la sensibilidad y, por encima de todo, el sacrificio y la entrega. No es de extrañar, por tanto, que bajo este dominio astrológico se encuentren vocaciones tan luchadoras como serviciales, como pueden ser la enfermería y todas aquellas que se encuentren inspiradas por el sentido místico del sacrificio. Piscis también representa a los genios y a los grandes artistas que han renunciado a sí mismos para entregarse a la humanidad. En Piscis encontramos la «mediumnidad» que hace posible la salvación del espíritu del hombre, descorriendo los velos oscuros con la luz que irradia la llama de la vela púrpura.

Arcángel: El *arcángel Sachiel* aspira el fuego espiritual que se manifiesta en el aura flamígera de la vela púrpura, abriéndonos los canales que comunican con el mundo espiritual o místico. Este arcángel es el maestro que otorga a los hombres el don de la profecía, para que sepan cómo y cuándo deben esperar a su guía. El nombre de Sachiel ha de inscribirse sobre un papel blanco con tinta púrpura, para que al invocarle nos guíe con su luz en nuestro ritual con la vela púrpura.

Sello: El sello ⟨sigil⟩, correspondiente al arcángel Sachiel, se ha de inscribir sobre un papel blanco con tinta púrpura, para tenerlo sobre de nuestro altar en el momento de realizar la invocación.

Piedra: La *turquesa* es un fosfato de aluminio y cobre que, según las leyendas, es capaz de cambiar de tamaño, de forma y de color, pero la verdad científica nos dice que sólo cambia levemente su tonalidad y su densidad dependiendo de los factores físicos externos a que se vea sometida. La turquesa es la piedra de los místicos, y de todos aquellos seres que busquen un acercamiento espiritual, y en nuestro trabajo nos ayudará precisamente a que nuestra carne contacte con nuestro espíritu, permitiéndonos alcanzar la sublimación. Esta piedra también es conocida como un magnífico talismán curativo y de fortuna. Por ello se encuentra tan estrechamente ligada a los valores de la vela púrpura.

Flor: El *jazmín* es la flor vinculada al espectro luminoso de la vela púrpura, pues en esta flor se encuentran la pasión, la vocación, el ardor y la fuerza espiritual necesarios para realizar nuestra misión.

Perfume: El perfume de *jazmín* complementará eficazmente, al ser ungido en nuestras manos, la fuerza y la guía de la vela púrpura, purificando nuestra esencia antes de entrar de lleno al desarrollo de nuestro ritual.

Planta: La *esparraguera* y el *diente de león* son las plantas más indicadas para favorecer el desarrollo del trabajo con la vela púrpura. Ambas son tonificantes y ayudan a los procesos hormonales que se activan en el hígado y las vías urinarias. Y, por si fuera poco, el diente de león cada verano emigra en busca de nuevas tierras y fronteras para expansionarse.

Chacra: El sexto chacra fundamental, o *glándula pituitaria*, recibe y transmite la influencia de la vela púrpura. Este chacra es el encargado de abrir el tercer ojo, es decir, el que nos permite entrar en contacto con experiencias y sensaciones que van más allá de los límites de nuestros cinco sentidos naturales. Este chacra se localiza justo en el entrecejo, zona en la que deberemos enfocar nuestro pensamiento al efectuar el ritual.

Árbol: La *higuera* es el árbol relacionado con la vela púrpura, del cual podremos utilizar cualquiera de sus partes para representarlo sobre el altar. Este árbol es capaz de sobrevivir casi en cualquier terreno, y en el desierto nos anuncia generalmente la cercanía de un oasis.

Metal: *Estaño.* Este metal, tan sencillo y humilde, es capaz de unir y de mantener estructurados a todos los demás metales. El estaño es el metal de la fusión y simboliza al cordón umbilical astral que alimenta nuestros cuerpos físico, mental y espiritual. Una pequeña cantidad de hilo de estaño será suficiente para representarlo en nuestra mesa de trabajo.

Número: El número 5 es el dígito mágico del hombre. Es la mitad de Dios, el número de la aspiración y de la inspiración. Representa al pentáculo o estrella de cinco puntas tan frecuentemente usado en los sellos mágicos y cabalísticos. El 5 es en sí un número humano y divino porque simboliza al logos o espíritu de la Tierra, pues nuestra raza es la quinta, la raza aria. Al igual que el sello y el nombre del arcángel, el número 5 deberá escribirse sobre un papel blanco con tinta púrpura.

Manto: Fabricado de seda, hilo o algodón naturales, y de color *púrpura*, deberá ser el mantel que cubra nuestro altar.

Incienso: Un incienso con *aroma a jazmín* será el ideal para despertar al misticismo que llevamos dentro y que nos permitirá en primera y última instancia adosarnos a la brillante puerta que nos conducirá a la sublimación del espíritu, gracias a la luz de la vela púrpura.

Posición: Ubicaremos nuestra vela púrpura al *Suroeste* de nuestro altar (*véase* el gráfico siguiente).

Oración: «Padre celestial, en nombre de tu hijo el arcángel Sachiel, te pido (efectúe aquí su petición). Gracias. Bendito sea tu nombre. Amén».

Fisiología: La vela púrpura permite que nuestro organismo se desarrolle, y lo ayuda a madurar y a expansionarse, y protege de manera específica al hígado, al páncreas y a todas la excreciones endocrinas relacionadas con el metabolismo. También protege a la circulación arterial, a la depuración sanguínea, evitando así la propagación de procesos infecciosos en el organismo. Los pies, la epidermis, los músculos, las caderas, los muslos y cualquier tipo de enfermedad que pudiera localizarse en los puntos citados son materia de la vela púrpura. En otro sentido, la vela púrpura nos ayuda a evitar y a salir de la drogadicción, del alcoholismo y de las depresiones suicidas a que nos inducen este tipo de dependencias, sin dejar de lado la fármacodependencia. Finalmente, la vela púrpura nos protegerá en casos de extrema urgencia.

Ritual: Tomando en cuenta los refuerzos mágicos ya expuestos, el consultante a través de su propia devoción y misticismo, desarrollará y expansionará su propio sistema de trabajo con la vela púrpura. Si el trabajo es de largo alcance o de mantenimiento, se recomienda efectuarlo durante nueve jueves consecutivos a la hora de Júpiter. Y si el trabajo tiene características urgentes, se podrá llevar a cabo durante cinco días seguidos, a la hora de Júpiter y comenzando siempre en jueves.

Nota: En el orden que muestra la cruz dibujada sobre el altar, se deberán colocar los refuerzos mágicos de cada vela, tomando en cuenta que al elemento fuego pertenecen: la flor, la vela y el incienso, si bien la vela se irá colocando de forma independiente en su punto cardinal (el incienso también pertenece al elemento aire). Al elemento fuego pertenecen asimismo, los signos astrológicos de Aries, Leo y Sagitario.

Al elemento aire pertenecen: el perfume, el incienso, el nombre del arcángel, el sello del mismo, el número y los signos astrológicos de Géminis, Libra y Acuario.

Al elemento tierra pertenecen: la piedra, el metal, el árbol y la planta (con excepción de la vela blanca, en donde las plantas representan al elemento agua). Si se carece de estos refuerzos, un puñado de tierra bastará. Tauro, Virgo y Capricornio son de tierra.

El elemento agua se representará, como ya hemos indicado, con un vaso o una copa que contenga agua salada. Cáncer, Escorpión y Piscis son los signos astrológicos del elemento agua.

VELA

PÚRPURA

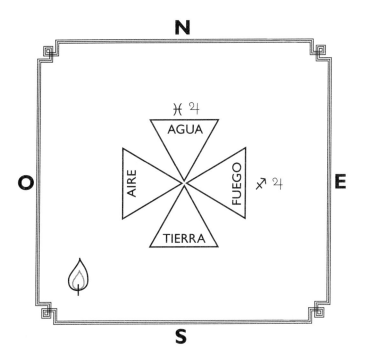

Nombre: Arc. Sachiel
Sello: 𐤁𐤕𐤓
Número: 5

ALTAR

VELA AZUL CELESTE O ROSA

La vela azul o rosa va directamente ligada al plano emotivo del ser humano; en otras palabras, estas velas nos acercan al ser amado, al sexo y a todas aquellas relaciones en las que el plano afectivo tenga una fuerte incidencia. Estas velas simbolizan las uniones y reconciliaciones, pasiones y celos, amor y desamor, correspondencia y olvido y a todo aquello que tenga que alcanzar una armonía y un equilibrio en nuestro corazón. Estas velas despiertan y excitan la sensualidad, la sexualidad y la sensibilidad de las personas, puesto que tienen propiedades afrodisíacas, gracias a su estrecha vinculación con la diosa Afrodita, la jerarca griega del amor. La vela rosa y la azul celeste representan al placer de vivir, ya que impulsan al individuo hacia la autoestima y a ver el lado positivo, alegre y placentero de la vida. Sus luces son creadoras de belleza, estética y armonía. La vela rosa provoca la atracción y la vela azul celeste incita a la conquista.

CORRESPONDENCIAS Y REFUERZOS MÁGICOS DE LAS VELAS ROSAS Y CELESTES

Color: En primer lugar, el color *rosa* simboliza el amor fraternal y el amor propio, la vanidad y el cuidado que le damos a nuestra persona. Este color es eminentemente femenino y su suavidad es capaz de despertar la ternura y los más nobles sentimientos, pues suaviza y evita la agresividad; es decir, este color frena los efectos del impulso ciego y la violencia. No por ser un color femenino está contraindicado en los varones. En segundo lugar, el color celeste simboliza todo aquello que nos aporta el gusto por vivir y por disfrutar la vida en toda su extensión. El color *azul celeste* es eminentemente masculino, pero está relacionado más con la sensibilidad mental que con la sensibilidad física. Es decir, el color rosa se atribuye más a la parte pasiva y al deseo físico de atraer, mientras que el azul emana la vibración activa de la conquista.

Día: *Viernes.* Las velas azules y las rosas funcionan mejor el viernes, ya que en él Cupido y Afrodita vagan a sus anchas. Tradicionalmente el viernes es un día de fiesta, donde toda sensualidad y esparcimiento están permitidos. El viernes más famoso en este sentido es el viernes de Carnaval. Los judíos aprovechaban este día para dar rienda suelta a sus pasiones, pues sabían que al siguiente día se tenían que guardar. Este día las velas rosas y las celestes brillan con mayor intensidad en los sentimientos de las parejas. El día es, pues, el día consagrado al amor y a los amantes.

Hora: La hora más indicada para efectuar el ritual de la vela azul o rosa es la sexta a partir de la salida del sol o, en otras palabras, las *16:00 horas* de nuestro horario habitual.

Planeta: *Venus*, el planeta del amor y la amistad es el que se relaciona directamente con las velas rosas y azules. La luminosidad de este planeta le ha hecho estar siempre presente en el pensamiento del hombre. Los científicos dicen que, por su tamaño y por sus características físico-químicas, es el que más se parece a nuestra Tierra. Venus, o lucero de la mañana, simboliza el amor, la belleza, la estética, y los placeres, abarcando los aspectos espirituales y sexuales del plano emotivo. No es extraño por tanto, que sea el planeta que más se relacione con las artes. Su energía es magnética de atracción y eléctrica de conquista y conciliación. Venus es el planeta que todo lo une, que todo lo sensualiza, que todo lo armoniza y que equilibra nuestros sentimientos. Este planeta es el pequeño benefactor de las uniones y sociedades, civiles, emotivas y comerciales.

Signo astrológico: *Tauro* y *Libra* son los signos del Zodíaco relacionados con las velas azules y rosas, de una manera indistinta. Tauro es el representante del bienestar material y es el que se encarga de refrenar la actitud impulsiva del Carnero, Aries, el signo astrológico que le precede. Este signo es constante, fecundo y productivo, lo que le lleva a la concreción de sus metas, y por tanto es la influencia que nos permite tener y retener. Espiritualmente es el encargado de preservar la llama divina dentro de los cuerpos más densos y materiales; es por eso que le da un tinte de iluminación y de estética a su elemento tierra. Por su parte, Libra, que simboliza el equilibrio, la equidad, la armonía, la conciliación y la reconciliación, nos otorga la capacidad de autojuzgar nuestros propios actos. Libra representa a los tres estados del amor, es decir, el pasional, el conyugal y el divino, que, por supuesto, no se encuentran reñidos entre sí. Bajo el influjo de Libra renace lo gentil, lo caballeroso, lo romántico, lo sentimental y todo aquello relacionado con los asuntos del corazón. Libra es el gran diplomático del Zodíaco.

Arcángel: El *arcángel Anael,* desde su pilar intermedio enciende la llama que mantiene en equilibrio el balance de las fuerzas contrarias, permitiendo la fusión y sensualización de las llamas de las velas azules y rosas V. Este arcángel creó en la Tierra una jerarquía de amorosos guerreros que guían al hombre por el sendero de la belleza. El nombre de Anael ha de inscribirse en un papel blanco con tinta azul celeste o rosa, para que al invocarle nos guíe con su luz en nuestro ritual con las velas azules o rosas.

Sello: El sello 𐂇 ⌒⌒ corresponde al arcángel Anael y se ha de escribir sobre un papel blanco con tinta azul o rosa, dependiendo de la vela que encendamos, para tenerlo presente en nuestra oración y sobre nuestro altar.

Piedra: *Lapislázuli.* Es una piedra conformada por silicatos de aluminio y sodio, y contiene además pequeñas partículas de pirita que iluminan su coloración. Esta piedra está conectada con el antiguo mundo de la Atlántida, es decir, con la raza atlante, nuestra predecesora. Sus características externas la hacen sumamente bella y atractiva, y, aunque el color que la domina es el azul oscuro, también irradia el rosa y el azul celeste. El lapislázuli será nuestra herramienta para atraer los efluvios del amor divino y espiritual hasta nuestros corazones, mientras realicemos nuestra labor con las velas rosas y azules.

Flor: La *lila* es la flor que se fusiona en el amor y la pasión de las llamas producidas por las velas rosas y azules. Esta flor representa el deseo de amar y de ser amado, y se ofrece al ser querido como emblema de la reafirmación de nuestros sentimientos hacia él.

Perfume: El perfume de *lilas* será el complemento ideal para ungirnos las manos, pues en él se encuentran las emanaciones de la belleza y la sensación que se compatibilizan con nuestras velas rosas y azules.

Planta: Las *espinacas* y los *berros*, plantas tradicionalmente vitalizadoras, se relacionan con el trabajo de las velas azules y rosas porque nos dan la potencia y la energía necesarias para poder disfrutar de la sensualidad. Es decir, bajo la aparente docilidad de estas plantas se encuentra un potente afrodisíaco, siempre y cuando sean consumidas o utilizadas crudas.

Chacra: El quinto chacra fundamental, centro laríngeo, o *glándula tiroidea*, vibra a la misma intensidad de las emanaciones venusinas de las velas rosas y azules. El quinto chacra abre las puertas de la ecuanimidad y elocuencia que persuade al ser querido, y también abre nuestro oído a la llamada del amor. Este chacra se localiza a la altura de la laringe, zona en la que deberemos enfocar nuestro pensamiento al efectuar el ritual.

Árbol: El *limonero* es el árbol vinculado a las velas rosas y azules, y nos servirá para purificar y refrenar nuestros deseos cuando éstos sean silenciosos. Cualquiera de sus partes será suficiente para representarlo sobre nuestro altar. Este árbol es muy utilizado en la industria cosmética.

Metal: El *cobre* es el metal de mayor capacidad conductora, receptora y transmisora, y siempre se encuentra en contacto con los deseos del ser humano. Éste es un metal noble, maleable y resistente, y es capaz de captar las ondas hercianas, o las ondas de la radio; o, en otras palabras, es capaz de captar cualquier mensaje. Un trocito de hilo de cobre nos bastará para representarlo en nuestro altar. Sus cualidades terapéuticas son ampliamente conocidas y utilizadas por todo el mundo.

Número: El número 6 representa a la estrella de seis puntas, que se desdobla a partir del sendero de la belleza y la armonía, bien hacia el microcosmos o bien hacia el macrocosmos. El número 6 es el número que nos distingue de las bestias, pues, al igual que los dioses, el ser humano es capaz de amar en toda la extensión de la palabra. Al igual que el sello y el nombre del arcángel, el número 6 deberá escribirse sobre un papel blanco con tintas azul o rosa.

Manto: El manto preservador del magnetismo armónico de nuestro ritual deberá ser de los colores *azul celeste* o *rosa* y estar fabricado de hilo, algodón o seda naturales.

Incienso: El incienso con aroma a *lilas* es el más recomendado para alimentar el fuego de las amorosas llamas que emanan de las velas azules y rosas

Posición: El oeste es el punto cardinal por excelencia, en donde deberemos colocar nuestra vela azul o rosa según sea el caso, sobre de nuestro altar (*véase* el gráfico siguiente).

Oración: «Padre celestial, en nombre de tu hijo el arcángel Anael, te pido (efectúe aquí su petición). Gracias. Bendito sea tu nombre. Amén».

Fisiología: Las velas rosas y las azules, como se ha podido observar, son intrínsecamente amorosas, pero también protegen a nuestro organismo en los siguientes puntos de nuestro cuerpo: garganta, laringe, faringe, tiroides, lengua, cuerdas vocales, paladar blando, paladar duro, trompa de Eustaquio, cerebelo, vértebras cervicales y nuca. También ayuda y protege el tacto, la sensibilidad, el metabolismo, las funciones renales, el cabello, los órganos sexuales femeninos, la región lumbar, la dermis y el color de la piel, y en general la armonía necesaria que debe de existir entre la relación de las funciones orgánicas. Estas velas son especialmente asépticas y evitan las infecciones, la propagación y el contagio de las enfermedades venéreas. Finalmente su uso es indicado para evitar las depresiones, irritaciones, e histerias producidas por las decepciones amorosas, es decir, por el llamado «mal de amores».

Ritual: A partir de los elementos o refuerzos mágicos, la persona, basándose en su propio sentido del amor, puede crear el ritual idóneo para trabajar con las velas rosa y las azul celeste. Para que su ritual obtenga los mejores resultados, es importante que lo realice durante nueve viernes consecutivos o durante seis días seguidos a la hora de Venus, dependiendo de la urgencia del asunto, y empezando siempre un viernes.

Nota: En el orden que muestra la cruz dibujada sobre el altar, se deberán colocar los refuerzos mágicos de cada vela, tomando en cuenta que al elemento fuego pertenecen: la flor, la vela y el incienso, si bien la vela se irá colocando de forma independiente en su punto cardinal (el incienso también pertenece al elemento aire). Al elemento fuego pertenecen asimismo, los signos astrológicos de Aries, Leo y Sagitario.

Al elemento aire pertenecen: el perfume, el incienso, el nombre del arcángel, el sello del mismo, el número y los signos astrológicos de Géminis, Libra y Acuario.

Al elemento tierra pertenecen: la piedra, el metal, el árbol y la planta (con excepción de la vela blanca, en donde las plantas representan al elemento agua). Si se carece de estos refuerzos, un puñado de tierra bastará. Tauro, Virgo y Capricornio son de tierra.

El elemento agua se representará, como ya hemos indicado, con un vaso o una copa que contenga agua salada. Cáncer, Escorpión y Piscis son los signos astrológicos del elemento agua.

VELA

AZUL o ROSA

N

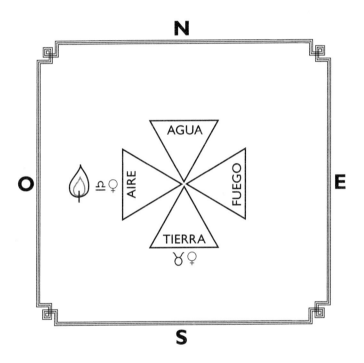

O

E

S

Nombre: Arc. Anael
Sello:
Número: 6

ALTAR

VELA VERDE OSCURO

La vela verde oscuro se encuentra estrechamente vinculada con la realidad del mundo que nos rodea, con las luchas a que nos enfrentamos diariamente, en una palabra, con el plano material y la materia misma. Esta vela simboliza la estabilidad, la solidez, la constancia, la fidelidad, la perseverancia, la responsabilidad, la profundidad de los pensamientos y los actos, la trascendencia, la longevidad, la sabiduría, la alta magia, el triunfo y el éxito en la profesión o en la ocupación y, en general, todo lo que nace y se expresa a través de la fuerte estructura de la materia. Asimismo, esta vela representa a las más antiguas deidades y jerarquías que dominaron alguna vez nuestro mundo, y es por ello que nos une directamente con nuestros antepasados. Esta vela es capaz de proporcionarnos la verdadera fortuna, sin tener por esto que renunciar al espíritu. La sana ambición, el trabajo loable y lo que requiera tiempo y meticulosidad están regidos y protegidos por la vela verde oscuro.

CORRESPONDENCIA Y REFUERZOS MÁGICOS DE LA VELA VERDE OSCURO

Color: El color *verde oscuro* es la tonalidad cromática más habitual expresada en la naturaleza; en otras palabras, el verde oscuro es el color de la creación material. También representa la esperanza de la humanidad de llegar a Dios por sus méritos propios, ya que si el hombre alcanza su cúspide, descubriendo el cómo, el cuándo y el por qué de la manipulación de la materia, podrá trascender como hombre a otro nivel o plano espiritual superior. Por ser un color con simbolismos tan humanos, también tiene incidencias bastante negativas, como pueden ser el orgullo, la avaricia, la envidia, los celos desmedidos y el ostracismo, así como la crueldad, el racismo, la severidad y, en sí, el color verde oscuro puede llegar a representar el castigo divino. Es decir, el color verde oscuro es la puerta de entrada y la puerta de salida, la caída y la ascensión.

Día: *Sábado.* La vela verde oscuro adquiere su mayor fuerza el sábado, ya que en este día está preservada de las tentaciones y de las influencias negativas inherentes a su color. La tradición nos dice que el sábado debe ser guardado y festejado, siempre con la vista dirigida humildemente hacia Dios, pues en este día es cuando podemos recibir el beneficio del perdón y la misericordia divinos. El sábado ha llegado a ser trastocado por diferentes cultos y religiones, calificándolo como un día de brujas, y todo ello es debido a que la antigua deidad que regía este día fue destronada por sus propios hijos.

Hora: La hora idónea para desarrollar nuestra labor con la vela verde oscuro es la séptima a partir de la salida del astro rey, las *18:00 horas* de nuestro horario habitual, aunque en el verano la influencia de la vela verde oscuro se puede prolongar hasta la caída de la tarde.

Planeta: *Saturno* destaca en el firmamento por los anillos que lo circundan y, aunque es menos grande que Júpiter, es más sólido y pesado que éste. Este planeta representa a las más antiguas jerarquías y se le conoce como el padre del Tiempo. Su vejez no debe de impresionarnos negativamente, pues es capaz de asumir la responsabilidad de la vanguardia y de las más nuevas y revolucionarias invenciones. Saturno ha sido satanizado a través de los tiempos, pues se le culpa de la caída de los hombres en el estado involucionado de los cuerpos que ahora ostentan. En la mitología romana, y a pesar de que Saturno fuera desdeñado por los dioses, encontramos que los antiguos romanos lo recogieron y crearon en su honor, por agradecimiento, las famosas saturnalias. En suma, Saturno fue un Dios guerrero y severo, pero bastante noctámbulo y libertino. Este planeta representa por sí mismo las capacidades materiales del hombre, así como sus defectos y sus virtudes.

Signo astrológico: *Capricornio* y *Acuario* son los signos astrológicos vinculados al trabajo de la vela verde oscuro. Capricornio es el símbolo de la ambición y de la prudencia, y es el que nos demarca nuestras limitaciones como seres humanos e imperfectos que somos. Representa la mala suerte y los reveses de la vida, pero también nos da la fuerza de voluntad necesaria para salir de las más profundas oscuridades. El Capricornio vive, como su figura clásica indica, entre el agua y la tierra, capaz de escalar las más altas cimas, pero siempre susceptible de retornar a las profundidades. Por todo ello, representa el mundo de la política y de los negocios en los más altos niveles y en las zonas más marginales. De cualquier manera el Capricornio siempre será el señor que se encuentra dominando la puerta de la muerte. Por su parte, Acuario es el signo del humanitarismo y de la consciencia mental humana individualizada, que se entrega a los demás sin perder ni sus raíces ni su identidad. Acuario siempre mantendrá un pie en la materia y otro pie en el mundo astral. Este signo simboliza la mente y lo etéreo, la fraternidad y los sentimientos humanitarios, la vanguardia y la revolución, los inventos y las cosas nuevas e imprevistas. Acuario siempre estará conectado con la profundidad del pensamiento psicológico y al mismo tiempo con la libertad, la lealtad y la amistad. Acuario es el que rompe los moldes y el que hace que el Capricornio se torne humilde, humano y, por lo tanto, trascendente.

Arcángel: El *arcángel Cassiel* desde el décimo sendero se compenetra con la expresión flamígera de la vela verde oscuro. Este arcángel tiene una doble manifestación: la primera, dulce y misericordiosa, siempre dispuesta a guiarnos por la puerta estrecha pero segura hacia la luz; la otra, cruel y severa, nos engaña con un camino ancho y luminoso, que finalmente conduce a la oscuridad. Este segundo factor queda anulado al trabajar con la vela verde oscuro el sábado. El nombre del arcángel Cassiel ha de escribirse en un papel blanco con tinta verde oscuro, para invocarle a que nos guíe por el camino estrecho que nos llevará a la iluminación.

Sello: El sello ⟼⇾ܝ corresponde al arcángel Cassiel y se ha de escribir sobre un papel blanco con tinta verde oscuro, con el fin de tenerlo presente en el momento de la invocación sobre nuestro altar.

Piedra: El *azabache* es una piedra formada exclusivamente por carbón, y algunos gemólogos piensan que a partir de ella se conforma el diamante; ciertamente los cristales de carbón son la estructura básica de ambas piedras. El azabache guarda dentro de sí la llama divina que ha de expresarse después de una ardua evolución y un largo trabajo de pulimento. En nuestro trabajo ha de ayudarnos a mantener nuestros pies bien asentados sobre la concreción de la materia, sin perder de vista la luz divina que llevamos todos en nuestro interior.

Flor: *Amapola*. Es la flor característica del trabajo con la vela verde oscuro. Esta flor representa la confianza que tiene el ser humano en sí mismo para seguir adelante, a pesar de las tentaciones y evasiones que le salgan al paso.

Perfume: El perfume de *opio* es el que deberemos ungir en nuestras manos antes de comenzar nuestro ritual, ya que éste nos permitirá alcanzar los efluvios etéricos de la vela verde oscuro, rompiendo así con el ostracismo que va implícito en ella.

Planta: *Hiedra*. Esta planta se aferra lo más que puede a lo sólido y a lo material, pero siempre lo hace con el fin de ascender y de estar más cerca del Sol. Es, por lo tanto, una planta resistente, tenaz y ambiciosa, capaz de cubrir con sus ramas cualquier estructura, por ello está ampliamente recomendada para reforzar el ritual de la vela verde oscuro.

Chacra: La vela verde oscuro se encuentra conectada con diversos chacras, ya que incide por exaltación en el segundo chacra fundamental. Por incompatibilidad y a forma de desviación en el primero, ramificándose hacia los chacras inferiores y finalmente a modo de desvelación con el sexto y el séptimo chacra fundamentales. Podemos decir por ello que la vela verde oscuro es la síntesis del alfa y el omega de los chacras fundamentales. Pero, de cualquier manera, deberemos enfocar nuestro pensamiento hacia la parte más alta, o cúspide de nuestra cabeza, al efectuar nuestro ritual con la vela verde oscuro.

Árbol: La vela verde oscuro está íntimamente relacionada con todos los árboles que crecen sobre la faz de la Tierra, pero para nuestro trabajo nos servirá especialmente la nobleza y longevidad de los *olivos*, puesto que esta nobleza y sabiduría empírica y atemporal nos protegerá especialmente al desarrollar nuestra labor con la vela verde oscuro.

Metal: El *plomo* es el metal que mayor protección nos otorga contra cualquier irradiación maligna, puesto que en su densa estructura absorbe todo tipo de malas influencias, dejando pasar sólo lo más sublime, positivo y etéreo. Un trocito de plomo será suficiente para representarlo en nuestro altar.

Número: 7. El número 7 es la llave mágica que abre todas las puertas. Por ello, antes de utilizarlo debemos saber qué puertas deseamos realmente que nos sean desveladas. Éste es un número tradicionalmente mágico y afortunado, capaz de cambiar toda una vida en un sólo momento. Al igual que el sello y el nombre del arcángel, el número 7 deberá escribirse sobre un papel blanco con tinta verde oscuro para abrir las cincuenta puertas del entendimiento, en digno reflejo del décimo con el tercer sendero.

Manto: El mantel que ha de proteger nuestro altar deberá ser de color *verde oscuro* y estar fabricado de hilo, algodón o seda naturales.

Incienso: El incienso con aroma a *opio* es el más indicado para abrir las piedras de nuestra emanación etérea, y alimentar así la profundidad de la llama que irradia la vela verde oscuro.

Posición: El *Sur* es el punto cardinal en donde se debe colocar nuestra vela verde oscuro, ya que en esta dirección se encuentran los terrenos de sus mágicos refuerzos (*véase* el gráfico siguiente).

Oración: «Padre celestial, en nombre de tu hijo el arcángel Cassiel, te pido (efectúe aquí su petición). Gracias. Bendito sea tu nombre. Amén».

Fisiología: La vela verde oscuro nos ayudará a triunfar sobre la materia, y a salir adelante de las tentaciones y de los tropiezos que nos ofrece la vida, pero de cualquier manera protege nuestra salud al incidir benéficamente sobre nuestra estructura ósea, y de la misma manera sobre la piel y las excreciones que ésta produzca, los dientes, el bazo, la hipófisis, la información neuronal y sobre todas aquellas partes del organismo que sean extremadamente frágiles o delicadas. También nos preserva de las caídas, las fracturas, la anemia y la atonía muscular y mental. También está indicada para curar el insomnio, los tics, los espasmos, las convulsiones y las enfermedades difícilmente curables por métodos convencionales. Ayuda a evitar las enfermedades seniles como la arterioesclerosis coronaria y cerebral, el mal de Parkinson, la demencia senil, etc. Finalmente nos protege contra las radiaciones nucleares, las explosiones y los atentados y nos promete solucionar la esterilidad psicosomática y evita los abortos naturales. La vela verde oscuro incide en que la vejez sea grata y lúcida, porque es la vela de la longevidad.

Ritual: Aunque cada individuo puede realizar su propio ritual, teniendo siempre en cuenta el valor de los refuerzos mágicos de la vela verde oscuro, le recomendamos que realice este trabajo durante nueve sábados consecutivos, a la hora de Saturno, si lo que desea merece la atención del tiempo y el sacrificio que esto implica. Pero, si el deseo se debe solucionar a la mayor brevedad posible, es preferible que desarrolle su ritual durante siete días seguidos, a la hora de Saturno, empezando siempre un sábado.

Nota: En el orden que muestra la cruz dibujada sobre el altar, se deberán colocar los refuerzos mágicos de cada vela, tomando en cuenta que al elemento fuego pertenecen: la flor, la vela y el incienso, si bien la vela se irá colocando de forma independiente en su punto cardinal (el incienso también pertenece al elemento aire). Al elemento fuego pertenecen asimismo, los signos astrológicos de Aries, Leo y Sagitario.

Al elemento aire pertenecen: el perfume, el incienso, el nombre del arcángel, el sello del mismo, el número y los signos astrológicos de Géminis, Libra y Acuario.

Al elemento tierra pertenecen: la piedra, el metal, el árbol y la planta (con excepción de la vela blanca, en donde las plantas representan al elemento agua). Si se carece de estos refuerzos, un puñado de tierra bastará. Tauro, Virgo y Capricornio son de tierra.

El elemento agua se representará, como ya hemos indicado, con un vaso o una copa que contenga agua salada. Cáncer, Escorpión y Piscis son los signos astrológicos del elemento agua.

VELA

VERDE OSCURO

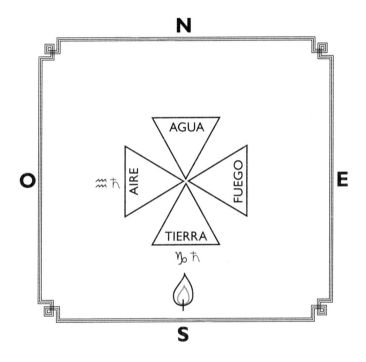

Nombre: Arc. Cassiel
Sello: ⇨ㄹ𝟫𝟤
Número: 7

ALTAR

EL LENGUAJE MÁGICO DE LAS VELAS

GLOSARIO

La vela tiene su propio lenguaje y, dependiendo de la forma, tamaño, movimientos y color de su llama, nos indica las siguientes verdades:

A

ABANDONO: La llama arde débilmente y es frecuente que se apague.

ABATIMIENTO: La llama arde excesivamente baja. A veces llora.

ACEPTAR: La llama es nítida y crece.

ACERTAR: La llama es nítida y crece.

AGREDIR: La llama chisporrotea y a veces desprende humo oscuro.

AMBICIÓN: La llama dobla su tamaño. Es nítida si la ambición es sana.

AMBIVALENCIA: La llama es baja y oscilante.

AMISTAD: La llama prende bien, es nítida y aumenta si la amistad va a ser duradera.

AMOR: La llama prende al primer intento, es nítida y asciende con fuerza cuando el amor va a ser correspondido.

ANGUSTIA: La vela llora, desprende humo oscuro o chisporrotea.

APROBAR: La llama es nítida y crece en sentido ascendente.

AUMENTAR: La llama dobla su tamaño siendo nítida y muy brillante.

AUTORIZAR: La llama es nítida y crece.

AVARICIA: La llama chisporrotea, se consume rápidamente y en la punta de la mecha se acumulan unas bolitas de grasa. A veces la llama da vueltas en forma de espiral.

AYUDAR: La llama arde nítida y crece.

B

BEBIDA: La vela llora, se consume rápidamente y su llama puede desprender chispas o humo.

BENEFICIO: La llama es nítida y crece.

BODA: La llama prende bien, dobla su tamaño nítidamente y, en ocasiones en la punta se observa un tono más brillante.

BONDAD: La llama es nítida y crece y el centro de su llama toma gamas azules.

C

CAMBIO: La llama es nítida y crece si el cambio es bueno.

CASAR: (*Véase* Boda).

CESAR: La llama es baja y puede llegar a apagarse.

COMPRAR: La llama es nítida y crece cuando anuncia buena compra.

CONFIRMAR: La llama es nítida y dobla su tamaño rápidamente.

CONSEGUIR: La llama es nítida y crece si el asunto se consigue.

CONSERVAR: La llama es nítida y no debe menguar ni apagarse.

COOPERAR: (*Véase* Ayudar).

CURAR: La llama es nítida, prende a la primera y aumentará de tamaño.

D

DEMORAR: La llama arde débilmente, su tamaño puede disminuir.

DESCONFIAR: La llama chisporrotea, llora o desprende humo. A veces, se mueve cn forma de espiral.

DESEAR: (*Véase* Ambición).

DESEMBOLSO: La vela llora o desprende chispas.

DESISTIR: (*Véase* Cesar).

DESTACAR: La vela arde nítidamente y aumenta su tamaño en sentido ascendente.

DISMINUIR: La llama mengua su tamaño. Si la llama se apaga, anuncia pérdidas importantes.

DOLOR: La vela llora, desprende humo oscuro o chisporrotea.

DUPLICAR: (*Véase* Aumentar).

E

EMBARAZO: La llama dobla su tamaño y su tono se torna más brillante.

EMPEZAR: La llama es nítida y va aumentando de tamaño.

ENAMORAR: (*Véase* Amor).

ENCONTRAR: La llama es nítida y crece en sentido ascendente.

ENGAÑAR: La llama desprende humo oscuro, da vueltas en espiral, chisporrotea y, a veces, se apaga.

ENFERMEDAD: (*Véase* Dolor).

ESPERAR: (*Véase* Demorar).

EXAMEN: La llama crece brillante augurando suerte.

ÉXITO: La llama dobla su tamaño, es nítida y en la punta de su mecha se vislumbra un tono más brillante.

EXTRAVIAR: La llama desprende humo negro, mengua de tamaño y generalmente se apaga.

F

FAMA: La llama aumenta su tamaño, es nítida.

FAVOR: La llama crece nítidamente.

FELICIDAD: La llama dobla su tamaño y la punta de su mecha adquiere un tono más brillante.

FERTILIDAD: (*Véase* Embarazo).

FIAR: La llama crece nítida.

FINANCIAR: La llama crece nítida.

FINGIR: La llama desprende humo oscuro, chisporrotea o se apaga.

FRENAR: (*Véase* Cesar).

G

GALARDÓN: La llama crece nítida.

GASTAR: (*Véase* Desembolso).

GOZAR: (*Véase* Felicidad).

H

HALLAR: (*Véase* Encontrar).

HERENCIA: La llama prende a la primera, crece nítida y dobla su tamaño.

HERIDA: (*Véase* Dolor).

HIJOS: (*Véase* Embarazo).

I

IDILIO: (*Véase* Amor).

INDECISIÓN: La llama arde débilmente y oscila.

INDEMNIZACIÓN: La llama crece nítidamente.

INDIFERENCIA: La llama arde excesivamente baja y puede apagarse.

INDISCRECIÓN: La llama desprende humo negro o chisporrotea.

INEFICACIA: La llama arde débilmente y a veces se apaga.

INFECCIÓN: (*Véase* Dolor).

INFERTILIDAD: La llama puede no encenderse a la primera, arde excesivamente baja y frecuentemente se apaga.

INFIDELIDAD: La vela llora, desprende humo negro o chisporrotea.

INFORTUNIO: La vela llora, desprende humo negro o chisporrotea.

INICIAR: (*Véase* Empezar).

INSOLVENCIA: La llama arde débil y a veces se apaga.

J

JUICIO: La llama crece nítida anunciando resultados felices.

L

LADRÓN: La llama desprende chispas, humo negro o se mueve formando una espiral.

LAMENTAR: La vela llora y arde débilmente.

LEGADO: (*Véase* Herencia).

LEGALIZAR: La llama crece nítidamente.

LIBERAR: La llama crece nítidamente.

LIBERTINAJE: La llama chisporrotea, desprende humo negro o acumula en su mecha unas bolitas de grasa.

LOCURA: La vela llora o chisporrotea.

LOGRAR: (*Véase* Conseguir).

LONGEVIDAD: La llama dobla su tamaño, es nítida.

LOTERÍA: La llama crece en sentido ascendente de forma muy rápida.

LUCHA: La llama chisporrotea.

LUTO: La punta de la mecha acumula grasa. La vela se apaga anunciando la muerte cercana. La vela llora o desprende humo negro.

M

MADRE: (*Véase* Embarazo).

MALDAD: La llama chisporrotea, desprende humo oscuro y oscila.

MALGASTAR: La vela llora.

MATRIMONIO: (*Véase* Boda).

MEJORAR: (*Véase* Aumentar).

MELANCOLÍA: La vela llora.

MENDIGAR: La llama arde muy débilmente y a veces se apaga.

MENTIR: La llama echa chispas o desprende humo oscuro.

MERECER: La llama dobla su tamaño. Es nítida.

MILLONARIO: (*Véase* Lotería).

MORALIDAD: La llama crece nítida.

MOTÍN: La llama chisporrotea o desprende humo oscuro.

MUDAR: (*Véase* Cambio).

MUTILAR: La vela llora y frecuentemente se apaga.

N

NACER: La llama crece nítida.

NEGAR: La llama arde débilmente y oscila.

NEGOCIAR: La llama aumenta su tamaño augurando buenos negocios.

NOVIOS: (*Véanse* Amor y Boda).

O

OBEDECER: La llama crece nítida.

OCULTAR: (*Véase* Engañar).

ODIAR: La llama desprende chispas y humo negro.

OPOSICIÓN: La llama arde muy baja y a veces se apaga.

P

PACIENCIA: La llama arde nítida pero no crece.

PACTAR: (*Véase* Negociar).

PAGAR: (*Véase* Desembolso).

PALIZA: La llama chisporrotea o desprende humo oscuro. La vela llora.

PARÁLISIS: La llama se apaga o acumula grasa en su mecha.

PAREJA: (*Véanse* Amor y Boda).

PARIR: (*Véase* Embarazo).

PARTIR: La llama arde nítida y crece augurando un buen viaje.

PAVOR: La llama desprende humo negro o chisporrotea.

PEGAR: (*Véase* Paliza).

PELIGRO: La llama chisporrotea, llora o desprende humo negro. A veces se apaga.

PENURIA: La llama arde débil y puede apagarse.

PERDER: (*Véase* Extraviar).

PERDONAR: La llama es nítida y crece.

PERDURAR: (*Véase* Conservar).

PERECER: La punta de la mecha acumula grasa. La vela se apaga o llora.

PEREZA: La llama arde excesivamente baja.

PERJUDICAR: La llama desprende humo oscuro o chisporrotea.

PLEITO: (*Véase* Juicio).

POSPONER: (*Véase* Demorar).

PRECAUCIÓN: (*Véase* Desconfiar).

PRECIPITAR: La llama chisporrotea.

PREMIAR: (*Véase* Éxito).

PREÑEZ: (*Véase* Embarazo).

PRESIDIO: La llama desprende humo negro. La vela llora. A veces se apaga.

R

REANUDAR: La llama crece nítida.

RECAER: La llama mengua. La vela llora.

RECONCILIAR: La llama crece nítida aumentando ascendentemente.

RECUPERAR: (*Véase* Encontrar).

RECHAZAR: La llama prende débilmente y oscila.

REMEDIAR: La llama crece nítida.

REÑIR: La vela chisporrotea, desprende humo negro o se apaga.

RESIGNARSE: La llama arde con poca fuerza.

RESOLVER: La llama crece nítida.

RETROCEDER: (*Véase* Cesar).

RIESGO: (*Véase* Peligro).

RIVAL: La llama chisporrotea o desprende humo negro.

ROBAR: (*Véase* Ladrón).

ROMANCE: (*Véase* Amor).

ROMPER: (*Véase* Reñir).

S

SACRIFICAR: La llama arde débil y a veces llora la vela.

SALUD: La llama es nítida y su tamaño va en aumento.

SANAR: (*Véase* Curar).

SANGRAR: La vela llora.

SECRETO: La llama arde muy baja.

SOBREPONERSE: La llama crece paulatinamente. Es nítida.

SOLEDAD: La llama es débil y a veces la vela llora.

SOSPECHAR: (*Véase* Desconfiar).

SUFRIR: (*Véase* Dolor).

SUICIDIO: La llama se apaga. La vela llora.

SUSPENDER: (*Véase* Cesar).

T

TACAÑO: (*Véase* Avaricia).

TRABAJO: La llama asciende nítidamente, si el trabajo se consigue.

TRAGEDIA: La llama se mueve en forma de espiral, chisporrotea, desprende humo y en ocasiones puede apagarse.

TRAICIÓN: La llama es débil y chisporrotea o desprende humo negro. A veces la vela llora o se apaga.

TRASLADO: (*Véase* Cambio).

TRISTEZA: (*Véase* Melancolía).

TRIUNFAR: (*Véase* Éxito).

TUMOR: La llama deja ver en la punta de la mecha un cúmulo de grasa.

U

UNIÓN: (*Véase* Boda).

URPAR: La llama mengua y a veces se apaga.

V

VAGO: (*Véase* Pereza).

VALOR: La llama aumenta de tamaño y es muy brillante.

VENCER: (*Véase* Éxito).

VENDER: La llama es nítida y crece cuando se trata de una buena venta.

VENGAR: La llama desprende humo oscuro o chisporrotea.

VIAJAR: La llama es nítida y aumenta de tamaño cuando augura un buen viaje.

VICIO: La llama desprende humo oscuro o chisporrotea.

VIRGEN: La llama es nítida. La vela llora.

VIUDA: (*Véase* Luto).

VOLVER: (*Véase* Reanudar).

Nota: En el orden que muestra la cruz dibujada sobre el altar, se deberán colocar los refuerzos mágicos de cada vela, tomando en cuenta que al elemento fuego pertenecen: la flor, la vela y el incienso, si bien la vela se irá colocando de forma independiente en su punto cardinal correspondiente (el incienso también pertenece al elemento aire). Al elemento fuego pertenecen asimismo, los signos astrológicos de Aries, Leo y Sagitario. Al elemento aire pertenecen: el perfume, el incienso, el nombre del arcángel, el sello del mismo, el número y los signos astrológicos de Géminis, Libra y Acuario.

Al elemento tierra pertenecen: la piedra, el metal, el árbol y la planta (con excepción de la vela blanca, en donde las plantas representan al elemento agua). Si se carece de estos refuerzos, un puñado de tierra bastará. Tauro, Virgo y Capricornio son de tierra.

El elemento agua se representará, como ya hemos indicado, con un vaso o una copa que contenga agua salada. Cáncer, Escorpión y Piscis, son los signos astrológicos del elemento agua.

VELA

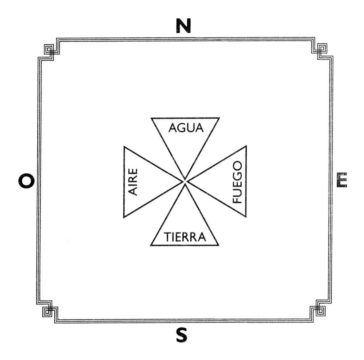

Nombre:
Sello:
Número:

ALTAR

ADVERTENCIAS

En suma, y sin temor a la redundancia, debemos recordarles que el trabajo mágico que hemos de realizar con las velas nace del impulso más elemental, primigenio y natural que todos poseemos dentro de nosotros como un reflejo de la chispa de la luz divina. Por ello nos remitimos después, a través de nuestro raciocinio, a buscar las correspondencias de los cuatro elementos básicos con que está formado el hombre y la naturaleza misma: fuego, agua, aire y tierra.

Estos cuatro elementos se diversifican sobre los cuatro puntos cardinales (Este, Norte, Oeste y Sur), y sobre los doce signos del Zodíaco, al recibir el influjo del prisma cristalino de nuestra Trinidad (mente, cuerpo y alma).

El producto de estas relaciones invoca a lo conocido y a lo desconocido que circunscribe al hombre, liberando la fuerza de los elementos, que debemos utilizar con sumo cuidado para que no rebasen los límites de nuestra naturaleza, ya que con ello nos podríamos encontrar dominados, anulados, engañados e incluso, en casos extremos, destruidos.

Al abrir cada trabajo, deberemos elevar nuestra oración correspondiente con toda fe y devoción, pidiendo la ayuda o la solución necesaria para nuestros problemas o los de aquél por quién pedimos, sin jugar, abusar, ni pedir el mal. Y al cerrar nuestro ritual, con la misma devoción, deberemos de repetir la oración correspondiente, esta vez agradeciendo la atención al favor solicitado. Es decir, la misma oración al iniciar y al concluir.

Para facilitarles el trabajo a todos aquellos que no conozcan la simbología, los gráficos y los atributos de cada uno de los elementos en correspondencia con las velas, les ofrecemos en la página siguiente un pequeño cuadro sinóptico al que pueden remitirse para solventar cualquier duda.

CUADRO SINÓPTICO

	Signo	Planeta/Símbolo	Número	Color	Día	Hora	Arcángel	Sello	Uso *
Fuego △	Aries ♈	Marte ♂	3	Rojo	Martes	11:00	Samael		S y D
	Leo ♌	Sol ☉	1	Naranja	Domingo	6:00	Miguel		S-D-A
	Sagitario ♐	Júpiter ♃	5	Púrpura	Jueves	14:00	Sachiel		S y D
Agua ▽	Cáncer ♋	Luna ☽	2	Blanco	Lunes	9:00	Gabriel		S-D-A
	Escorpión ♏	Marte y Plutón ♂♇	3	Rojo	Martes	11:00	Samael		S y A
	Piscis ♓	Júpiter ♃	5	Púrpura	Jueves	14:00	Sachiel		S y D
Aire △	Géminis ♊	Mercurio ☿	4	Amarillo	Miércoles	00:00	Rafael		D
	Libra ♎	Venus ♀	6	Rosa-Azul	Viernes	16:00	Anael		A
	Acuario ♒	Saturno ♄	7	Verde osc.	Sábado	18:00	Cassiel		S y D
Tierra ▽	Tauro ♉	Venus ♀	6	Rosa-Azul	Viernes	16:00	Anael		A
	Virgo ♍	Mercurio ☿	4	Amarillo	Miércoles	00:00	Rafael		D
	Capricornio ♑	Saturno ♄	7	Verde osc.	Sábado	18:00	Cassiel		S y D

* S - Salud

D - Dinero

A - Amor

ÍNDICE